100
CLEVER
CROSSWORDS

Thomas Joseph

Happy Birthday, 2000
Dad Stephen

Sterling Publishing Co., Inc.
New York

Love!
Dad & mom

10 9 8 7 6 5 4 3

Published by Sterling Publishing Company, Inc.
387 Park Avenue South, New York, N.Y. 10016
© 1998 King Features Syndicate, Inc.
Distributed in Canada by Sterling Publishing
%Canadian Manda Group, One Atlantic Avenue, Suite 105
Toronto, Ontario, Canada M6K 3E7
Distributed in Great Britain and Europe by Cassell PLC
Wellington House, 125 Strand, London WC2R 0BB, England
Distributed in Australia by Capricorn Link (Australia) Pty Ltd.
P.O. Box 6651, Baulkham Hills, Business Centre, NSW 2153, Australia

Manufactured in the United States of America
All rights reserved

Sterling ISBN 0-8069-1757-1

CONTENTS

INTRODUCTION

If you solve lots of crosswords, you probably know a lot of strange words. These words, known as "crosswordese," crop up in crosswords all the time because of their favorable letter patterns. So you often see words such as PROA (an Indonesian boat), ESNE (an Anglo-Saxon laborer), and UNAU (a two-toed sloth).

These crosswords are cleverly written to avoid such words. So even if you don't know all those weird crosswordese words, you can still enjoy these puzzles.

So what are you waiting for? One hundred clever crosswords await you.

—Thomas Joseph

PUZZLES

1

ANSWER, PAGE 111

ACROSS

1 Barber of opera
7 Skilled
11 Maine park
12 Horn output
13 Meal
14 Sousaphone's kin
15 Yankee great
17 Bud holder
20 Earthy pigment
23 Fuss
24 New Age token
26 First name of 15-Across
27 Mythical bird
28 Derrick output
29 New version of software
31 Take advantage of
32 Actor Hawke
33 Getz of music
34 Feared fly
37 "I'm in trouble!"
39 Turns red, perhaps
43 Rake
44 Flowering shrub
45 Jersey cagers
46 Buttercup color

DOWN

1 Distant
2 Glacier makeup
3 Interstice
4 Wise saying
5 Levitate
6 Inauguration Day event
7 Top stories
8 Took over, in a way
9 Tennis hit
10 Greek vowel
16 Rolls's partner
17 Worth
18 Take as one's own
19 Hunted down
21 Mrs. Gorbachev
22 Comic DeGeneres
24 Construction site sight
25 Fishing aid
30 Skin ailments
33 Flower part
35 Serving aid
36 Tag info
37 Samovar
38 Garden tool
40 Wing
41 Recent: Prefix
42 Wise saying

2

ANSWER, PAGE 112

ACROSS

1 Wash vigorously
6 ___ Hari
10 Scent
11 Aids in crime
13 Swallows
14 Japanese fish dish
15 Electric fish
16 Conceit
18 Decimal base
19 Camper's need
22 Light brown
23 Steak order
24 Aggressive
27 Pub orders
28 Jai ___
29 Tommy Chong's daughter
30 Boxing practice aid
35 Days of yore
36 Choose
37 Longevity
38 Stallone role
40 Paris's victim
42 Sedate
43 Happening
44 Football linemen
45 Takes it easy

DOWN

1 Wise ones
2 Sadistic
3 Actress Esther
4 Diamond judge
5 Pre-bonus amount
6 Gardner's hero
7 ___ Dhabi
8 Nuclear agreement item
9 Fundamentally
12 Burns a bit
17 Martini ingredient
20 Work ___
21 Composer Edvard
24 Official documents
25 Howl
26 Sleep bringer
27 Cougar
29 Shred
31 Thugs
32 Cotton bundles
33 Actor's rep
34 Ladies' men
39 Two no-trump, e.g.
41 Eden evictee

10

3

ANSWER, PAGE 113

ACROSS

1 Canary homes
6 Fragrance
11 Playing marble
12 Andrews and Carvey
13 Shirt workers
15 Long swimmer
16 Hightail it
17 Rink surface
18 Wobbles
20 Silver of the screen
21 Apr. 15 org.
22 Type choice
23 Is concerned
26 African capital
27 Ready to sleep
28 Sawbuck
29 Equip
30 Decree
34 Chicken ___ king
35 Historic time
36 Toady's answer
37 Party poopers
40 Started a pot
41 Pageant topper
42 *The Tower* poet
43 Wander off

DOWN

1 West Pointer
2 Concur
3 Singer Crystal
4 Catchall abbr.
5 Peter of *Being There*
6 Second President
7 Campaigned
8 Golfer's cleek
9 Radio inventor
10 Gives one's okay
14 Dumbo's "wings"
19 Made knots in
22 Supply with cash
23 Seed used in rye bread
24 Cattle town
25 Yacht competition
26 Lease signers
28 Scarlett's home
30 Pinochle scores
31 "They sailed away, for ___ and a day"
32 Aquarium fish
33 School paper
38 Wager
39 First aid box

4

ANSWER, PAGE 114

ACROSS

1 Letter sender's need
6 Big wheel's wheels
10 Debate
11 In debt
13 Comes to earth
14 Fireplace tool
15 Lyric poem
16 Boot part
18 In the style of
19 Time to make 30-Across
22 Museum contents
23 Topnotch
24 Clockmaker Thomas and others
27 Pondered
28 Bread spread
29 Auction action
30 They often are broken
35 Have a snack
36 Hill dweller
37 Actor Mineo
38 Botched situation
40 Dodge
42 Carried
43 In the raw
44 Cincinnati team
45 Marquee names

DOWN

1 Place for a do
2 Barter
3 '70s veep
4 Pie material
5 Annoys
6 One with an easy gait
7 ___ Jima
8 Japanese emperors
9 Like some country roads
12 Showed age
17 Healthy grain
20 Boorish lout
21 ___ Arabia
24 Most angry
25 Franklin's wife
26 With a will
27 Gloves' kin
29 Burger holder
31 Praises
32 Japanese city
33 Consumerist Ralph
34 Winter gliders
39 G-man
41 Tank

12

5

ANSWER, PAGE 115

ACROSS

1 Fundamentals
5 Iron
10 Brings up
12 Hand's workplace
13 Hit from the Bangles
15 ___ roll (succeeding)
16 Tier
17 Fury
18 Blitz in football
20 They cross sts.
21 Little Rascals girl
22 Lair
23 *Mayflower* name
25 Prayer end
28 "Of Thee ___ "
31 Chain part
32 Takes the wheel
34 Literary collection
35 Yonder ship
36 Slippery one
37 Hit from the Rolling Stones
40 Brawl
41 Latin music
42 Teakettle output
43 Golf needs

DOWN

1 Knight wear
2 Hit on the noggin
3 Alaska neighbor
4 ___ Lanka
5 Ship's front
6 Sprinted
7 Salad green
8 Frightens
9 Least forward
11 Move down in a computer window
14 Somalia's capital
19 Guzzled
20 Broadway orphan
24 Lauder and others
25 Frightens
26 Stately dance
27 Make possible
29 Phonograph part
30 Long-running Broadway musical
33 ___ a fox
35 Goblet part
38 Supporting vote
39 Used a sofa

6

ANSWER, PAGE 116

ACROSS

1 Heroic tale
5 Dress for Indira
9 Bitter
11 Put up
13 One of the Judds
14 One of the Fudds
15 Old French coin
16 Skedaddle
18 Look-alikes
20 Cal. abbr.
21 Idolize
22 GOP members
23 Barracks sight
24 Photo, for short
25 Cease
27 Snacks in shells
29 Farm layer
30 Purplish red
32 Busy
34 Folder feature
35 Candidate of 1992
36 One of the Little Rascals
38 Furry wrap
39 African lilies
40 Luge
41 Different

DOWN

1 Less crackers
2 Gum arabic yielders
3 NASA department
4 Goal
5 Appears
6 Woody's son
7 TV accessory
8 Gets slick
10 Entertain
12 Corners
17 Exist
19 Sticky stuff
22 Pilaf need
24 Temple
25 Mall businesses
26 Beliefs
27 Playground game
28 Becomes old
30 Dealt out
31 Lower
33 Golf goal
37 Malt beverage

14

7

ANSWER, PAGE 117

ACROSS

1 Thin cookie
6 Milkshake accessory
11 Cream of the crop
12 Jeweled crown
13 Subway rider
15 Low digit
16 Trip segment
17 Drain of vigor
18 Less strict
20 *Roots* author
23 D'Artagnan's creator
27 Yoked beasts
28 Island east of Java
29 Garden pests
31 Apple drink
32 Celery serving
34 Blue
37 Take advantage of
38 Keats creation

41 Stallone film
44 Remote
45 Monarch
46 Radials, in Britain
47 Flight parts

DOWN

1 Sunset setting
2 Choir member
3 Blaze
4 Greek vowel
5 Sportscast feature
6 Put on, as a play
7 Thin metal
8 Tatters
9 Region
10 Contort
14 Spell
18 Gives, but not to keep
19 Famed cubist?
20 In what way

21 Fire
22 Grant's opponent
24 Bonkers
25 Heady drink
26 Knight's address
30 Prepares the turkey
31 Erases
33 Bat wood
34 Sing like Ella
35 Friend
36 Designer Christian
38 Gawk at
39 Profound
40 Is mistaken
42 Enemy
43 Bolt's partner

8

ANSWER, PAGE 118

ACROSS

1 Reacts to freshness
6 Pub projectile
10 Reef material
11 Lean toward
12 Showing disuse
13 Europe's boot
14 Currier's partner
15 Hiking paths
16 Corral
17 Argon, e.g.
18 Permit
19 Fishing spears
22 Wound reminder
23 Broadcasts
26 Vociferous
29 GI's sack
32 Blushing
33 Peace symbol
34 Become talkative
36 Envisioned
37 Puzzled

38 Movie chimp
39 Wipe clean
40 Gung-ho
41 Talk deliriously
42 Attire

DOWN

1 Story lines
2 Blind parts
3 Deadly element
4 Butter servings
5 Cunning
6 Computer input
7 Use
8 Actress Esther
9 Secret meeting
11 Kind of kit
15 Neutral color
17 Hamlet's mom
20 ___ Kapital
21 Caesar of
  comedy

24 Vindictive one's
  quest
25 Cold symptoms
27 Agent, for short
28 Carreras and
  others
29 Lid
30 Met offering
31 LBJ, for one
35 Robin's home
36 Take to the sky
38 Garden plot

9

ANSWER, PAGE 119

ACROSS

1 Mexican peninsula
5 Gumshoe's job
9 Occupied
11 Spy
13 Violet's kin
14 British change
15 Yale backer
16 Canyon creator
18 Idle art
20 Bauxite, for one
21 Avarice
22 Stew
23 Singer Boone
24 Snap
25 Actress Plowright
27 Stampede cause
29 Go astray
30 Listening aid
32 Intermesh
34 George's brother
35 Arrested
36 Tears down
38 Pool participant
39 Winter weather
40 Work units
41 Actress Archer

DOWN

1 Man, for one
2 Computer type
3 Law firm employee
4 Beast of burden
5 Mafia heads
6 Eons
7 Discount recipient, often
8 Audience cry
10 Small hole
12 Doctrine
17 Visibly embarrassed
19 College head
22 Terrific
24 Kitchen utensils
25 Mocks
26 Like chandeliers
27 Brooch
28 Sway from side to side
30 Sots
31 Fake jewelry
33 Building part
37 Copying

10

ANSWER, PAGE 120

ACROSS

1 Explode
6 Make swollen
11 Overact
12 Sex appeal
13 Spud
14 Portly
15 Mideast native
17 Born: Fr.
18 "Dizzy" singer
22 Melville captain
23 List separators
27 Rural sights
29 Discipline, in a way
30 Comfort
32 Minuscule
33 1994 Downhill Skiing gold medalist
35 Guy's date
38 Demolish
39 Sigourney Weaver thriller
41 River mouth feature
45 Kitchen appliance
46 Japanese or Korean
47 Sharpened
48 Bow's opposite

DOWN

1 Wager
2 Thurman of *Pulp Fiction*
3 Decay
4 Mississippi sight
5 Director Gilliam
6 Blunders
7 High hit
8 Sign of things to be
9 Cathedral area
10 "Of ___ I Sing"
16 Rainbow shape
18 Old Soviet news agency
19 Louisville's river
20 Shopper's paradise
21 Richard Mulligan sitcom
24 Mutilate
25 Part of A.D.
26 Terrier type
28 Disdained
31 Flightless bird
34 Gold-loving king
35 Deep cut
36 Vocal range
37 Pride member
40 Night before
42 Prevaricate
43 Sailor
44 ___ Arbor

11

ANSWER, PAGE 121

ACROSS

1 Young seals
5 Finland native
9 Heavens supporter
11 Less inept
13 Commandments word
14 Stiller's partner
15 Utter
16 Shrink
18 Dictionary words
20 Draw
21 Show place?
22 African nation
23 Slalom maneuver
24 Actor's prompt
25 Gimlet flavor
27 Arthur Marx
29 Gilbert and Sullivan princess
30 Old cabs
32 Steak choice
34 Maiden name indicator
35 Subway fare
36 Writer Zola
38 Apple founder Jobs
39 Velocity
40 Recipe instruction
41 Swift planes

DOWN

1 Out of fashion
2 U.N. head, 1961–71
3 Invest in stocks
4 Actor Mineo
5 Actor Fernando
6 First murder victim
7 Bet at the track
8 Iran, once
10 Elevator alternative
12 Gave an R to
17 TV's ___ and Stacey
19 Go up
22 Mongrels
24 Film festival setting
25 Rosters
26 Morons
27 "Bali ___"
28 Eggy dish
30 Whetstone user
31 Starts of ideas
33 Son of Jacob
37 GI arresters

12

ANSWER, PAGE 122

ACROSS

1 Tick off
5 Wine bottle
11 Bouquet
12 Mistreats
13 Blood fluids
14 Sheriff's groups
15 Needlework pieces
17 Tarzan follower
18 Circus sights
22 Made into a bundle
24 Emporium
25 Actress MacGraw
26 Scoundrel
27 Located
30 Summer homes for some
32 Designer's concern
33 Actress Gardner
34 Parasol's kin
38 Maine park

41 Old phone feature
42 Least diluted
43 Director Preminger
44 Pesters
45 Moscow denial

DOWN

1 Terrarium growth
2 Concept
3 Required procedure
4 Thick shake
5 Zorro accessory
6 Cancels the launch
7 Winter apple
8 Ninny
9 Doc's charge
10 Road curve
16 Conducted
19 Sane state

20 Golf bunker
21 Collections
22 Game fish
23 Stepped down
28 Evades
29 Death
30 Elevator feature
31 Photographer Richard
35 Crazy
36 Tardy
37 Oodles
38 Fitting
39 Pool need
40 Coach Parseghian

13

ANSWER, PAGE 123

ACROSS

1 Stingers
6 Flight feature
11 Actress Potts
12 *The Count of ___ Cristo*
13 National Zoo critters
15 Sixth sense
16 Sailor
17 Stout relative
18 Aretha Franklin song
20 Diarist Anaïs
21 Annoy
22 ERA or RBI
23 Baby book info
26 Bearings
27 Without repair
28 Campaign
29 Actor Kilmer
30 Patton, for one
34 Bible boat
35 Mythical bird
36 First name in coaching
37 Seafood choice
40 Bread spreads
41 Moves carefully
42 Transmits
43 Elm's offering

DOWN

1 Bet
2 Ouzo flavor
3 Ginger cookies
4 Fasten, in a way
5 Hunting dogs
6 Bright
7 Cargo unit
8 Moderately slow, in music
9 Dressing choice
10 Takes offense at
14 Wolf group
19 Bakery buys
22 Trig function
23 Arizona natives
24 Usually
25 One-time deliverers
26 Chomps
28 Old autos
30 A dozen dozen
31 Mrs. Gorbachev
32 Packing a gun
33 Run out, as a subscription
38 Physique, in slang
39 Cheering word

14

ANSWER, PAGE 124

ACROSS

1 Thick cut
5 Fries, to a Brit
10 Garden aid
11 Skulls
12 Is in the red
13 Was stealthy
14 Sphagnum
16 Archie's nickname for Mike
20 Turned tiny
23 Pub order
24 Sandra's *Speed* costar
25 Sticky stuff
27 NYC subway line
28 Trusted teacher
29 Car feature
32 Summer spell
36 Doted on
39 Stage direction
40 ID, overseas
41 Make over
42 Computer units
43 Blueprint

DOWN

1 Enjoy the mall
2 Rob of *St. Elmo's Fire*
3 Yachting
4 Ring keeper
5 Bread edge
6 Severe
7 Ballpoint fill
8 Diner dessert
9 Blue
11 Dagger's partner
15 Computer list
17 Sunup site
18 Choir member
19 Bambi, for one
20 Takes to the slopes
21 On this spot
22 Pro ___
25 Strike with stones
26 Belgian port
28 Honey drinks
30 Crowd, perhaps
31 Saloon orders
33 Skating jump
34 Pitcher Blue
35 Harrow rival
36 Fugitive alert, for short
37 Hudson's frequent costar
38 Select

15

ANSWER, PAGE 125

ACROSS

1 Uncover
6 Come to a point
11 Stood
12 Parasol's product
13 Pocket fill
15 Terminal
16 Clock numeral
17 Newsman Koppel
18 Bike parts
20 Challenged
23 Melts
27 Yoked critters
28 Brainstorm
29 Corpsman
31 Book feature
32 Merits
34 Used a stool
37 Snip
38 Plugs
41 Limiter of family spending
44 Farewell
45 Sister's daughter
46 River vessels
47 English racing town

DOWN

1 Roy's spouse
2 Press
3 Well-behaved
4 Naval initials
5 Irritated
6 Casual top
7 Cry of enlightenment
8 Show exhaustion
9 Advantage
10 Clarinet part
14 KGB's counterpart
18 Bottled spirit
19 Leg parts
20 Actor DeLuise
21 Chopping tool
22 Primary color
24 Tack on
25 Minuscule
26 Charlie Parker's instrument
30 Desert sight
31 Musically correct
33 Massage
34 Headliner
35 Egypt-based opera
36 End-of-week letters
38 Grows older
39 Art ___
40 Goblet part
42 ___ up (excited)
43 Party staple

16

ANSWER, PAGE 126

ACROSS

1 Movie passes
7 Shredded
11 Bored by one's life
12 Colors
13 Band's bestsellers
15 Computer key
16 Moving trucks
18 Tries finger painting
21 Thaw
22 Puzzling
24 Iron or Atomic
25 Oven type
26 Greet the villain
27 Mail delivery
29 Mailbox part
30 Dumbfound
31 Dance part
32 Actress Keaton
34 Song from the past
40 Matinee star
41 Spanish sword-making city
42 Like a pinup
43 Remain for a bit

DOWN

1 Excavate
2 First numero
3 Ripken of baseball
4 Zealous
5 Game units
6 Undo a dele
7 Insect section
8 Wilder's ___ *Town*
9 Blushing
10 Slalom maneuver
14 Gives over
16 Robert Urich series
17 Wide-awake
19 Sacred book
20 Nosy one
21 Glove compartment aid
22 Kilmer of *The Doors*
23 Attained
25 Aladdin's aide
28 Like a teddy bear
29 *Streetcar* character
31 Nose, slangily
33 Picnic pests
34 USO attendees
35 Keats creation
36 Bagel topper
37 Actress Susan
38 Altar promise
39 Long, long time

17

ANSWER, PAGE 127

ACROSS

1 Formerly
5 Alley feats
11 Terrarium item
12 Two-time Triple Crown winner
13 College group
14 Deadly
15 Greek philosopher
17 Barbie's beau
18 Crazy
22 Waited
24 Bender
25 Bother
26 Simile center
27 Clark's partner
30 Treaties
32 Inferno chronicler
33 Moose's cousin
34 CB's kin
38 Canal setting
41 Classify
42 "___ Restaurant"
43 River in a classic movie
44 Renter
45 Beattie and Blyth

DOWN

1 Does in, slangily
2 Pianist Peter
3 Increase of discipline
4 Menu choice
5 Shaker fill
6 Spends time at the mirror
7 Misbehaves
8 Stadium cry
9 Epoch
10 Impresario Hurok
16 Additionally
19 Locate
20 Examine
21 Some votes
22 Like Telly
23 Bright thought
28 New York city
29 Tars
30 Apiece
31 Sitka's site
35 Ship staff
36 Persia, today
37 Elevator man
38 Butter serving
39 Andy Capp's quaff
40 Famous diarist

18

ANSWER, PAGE 111

ACROSS

1 Indian prince
6 Men
11 Texas landmark
12 Actress Worth
13 Race beginning, of a sort
15 Brown shade
16 Bullfight cry
17 Little one
18 Moira of *The Red Shoes*
20 Tint
21 Maiden name indicator
22 Ballet leap
23 Dogpatch name
26 Skin openings
27 Field pest
28 Chemist's place
29 Director's cry
30 Of smell, sight, etc.
34 Guinness Book suffix
35 Coach Riley
36 Gangster's gun
37 Race end, of a sort
40 Potato, e.g.
41 Murphy's two-time costar
42 Used up
43 Actress Garson

DOWN

1 Pool floats
2 God, in Mecca
3 Actress Mansfield
4 Friend to François
5 One giving a salute
6 Scrooge, e.g.
7 Museum fill
8 Shoe material
9 On the way
10 Some sofas
14 Merriment
19 Freshly
22 Tasks
23 Takes on
24 Refresh one's memory
25 Part of Hamlet's question
26 Showing exhaustion
28 Canada flag emblem
30 Hockey or golf
31 Nimble
32 Discernment
33 Old anesthetic
38 Decimal base
39 Neither's partner

19

ANSWER, PAGE 112

ACROSS

1 Make sound
5 Tap
11 Shortly
12 Poe heroine
13 River sediment
14 Spoke
15 Submerged continent
17 Mole's group
18 Admit
22 Sacred song
24 Twenty
25 Everything
26 Bar concern
27 Squiggle in señor
30 Tablets
32 Failed Ford
33 Catchall abbr.
34 Buy
38 Eastern temple
41 Writer Haley
42 Out of bed
43 Thunder sound
44 Take in
45 Concerning

DOWN

1 Hacienda house
2 Foot or hand
3 Attendance checks
4 Require
5 Pay phone part
6 Pauline's trials
7 Shortly
8 Understood
9 Metal source
10 Senator Kennedy
16 *Platoon* setting
19 Phone bill listings
20 Vaccine type
21 Reporter's concern
22 Noggin
23 Glided
28 Boot from the throne
29 Dodges
30 Chest muscle, for short
31 Home of Cornell University
35 Talk deliriously
36 Theater feature
37 Montreal player
38 Knee protector
39 *Exodus* hero
40 Musical job

20

ANSWER, PAGE 113

ACROSS

1 Writer Janowitz
5 Core
10 Physics concerns
12 Concur
13 Harmonicas
15 Printers' units
16 Be in debt
17 Belfry resident
18 Longing
20 Gimlet flavoring
21 Morgan Freeman/ Brad Pitt movie
22 Served perfectly
23 Good quality
25 Given life
28 Ship lockups
31 Mine yields
32 Rococo
34 Gratuity
35 Paid player
36 Used to be
37 Company newsletters
40 Singer John
41 Confiscate
42 Oboe parts
43 ___ even keel

DOWN

1 No longer feral
2 Makes amends
3 Rich dessert
4 Quantity: Abbr.
5 Tortoise's rival
6 Meringue need
7 Like our numerals
8 Change the title of
9 Tried out
11 Coasts
14 Kentucky city
19 Lendl and others
20 Caesar's language
24 Goofs
25 Fuss
26 Baltimore player
27 Fame
29 One of Arthur's knights
30 Poem part
33 German steel city
35 Corrals
38 Turf
39 Earthy prefix

21

ANSWER, PAGE 114

ACROSS

1 Pasta-topping sauce
6 Tic
11 Thespian
12 Western flora
13 One who covers up
15 Negating link
16 Guy's date
17 Ram's mate
18 Spinks or Bowe
20 Castro, for one
23 CSA president
27 Without repairs
28 Queue
29 On the up and up
31 Glider, for one
32 One of the Stooges
34 Fitting
37 Billiards need
38 Current unit
41 Extortionist
44 Reef material
45 Construction aid
46 Declare
47 Convenient

DOWN

1 It can capture en passant
2 Cave sound
3 Agitate
4 Youngster
5 Salem setting
6 Climbed
7 ___ de deux
8 Be sore
9 Hearty dish
10 Mud
14 Candle material
18 Ingredient of 1-Across
19 Come from behind
20 *East of Eden* brother
21 Exploit
22 Tom Hanks movie
24 By way of
25 Traveler's stop
26 Date
30 Take down the rusher
31 Speak from the pulpit
33 Toddy base
34 Fundamentals
35 Novelist's concern
36 The O'Hara plantation
38 Actor Bates
39 Fix
40 Victim
42 Lynx or lion
43 Writer Levin

22

ACROSS

1 "Broadway Joe"
7 Stratford's river
11 Roma's nation
12 *Look* rival
13 Kitchen tool
14 Fence opening
15 *Goldfinger* villain
17 Friend
20 Writer Segal
23 Luau dish
24 Rhine temptress
26 Actress Gardner
27 Squid's defense
28 Annoy
29 Money-back offers
31 Golf need
32 Totem pole makers
33 Author of *The Swiss Family Robinson*
34 City on the Rio Grande
37 Rara ___
39 Competitors
43 Location
44 Brunch choice
45 Florida feature
46 Capitol group

DOWN

1 Wee bite
2 Had a bite
3 West of Hollywood
4 Bronze or brass
5 Even
6 Arduous
7 *Earth in the Balance* author
8 Chance of succeeding
9 Frequently
10 Born
16 Annoying folks
17 Quarantined
18 Romantic one
19 Debt
21 Harvest goddess
22 Scout trips
24 Soda bottle size
25 Low bill
30 Lowers
33 Like burlap
35 God of love
36 Thin coin
37 Invite
38 Be a contender
40 In the manner of
41 Permit
42 Sault ___ Marie

23

ANSWER, PAGE 116

ACROSS

1 *Camelot* composer
6 Scoreboard unit
11 Flynn of films
12 Excessive
13 Bike parts
14 Marsh grasses
15 Smooch
17 Collector's goal
18 Gets fit
22 Bridge fee
23 Brewing aid
27 Actor Ryan
29 Stingless bee
30 March sign
32 Franklin's toy
33 Specimens
35 Use a remote, slangily
38 Matinee star
39 Esau's father
41 Record company
45 Basil-based sauce
46 Keen
47 Old Nick
48 One of Lear's daughters

DOWN

1 Race segment
2 Bauxite, for one
3 Historic time
4 Office, for some
5 Noted spokescow
6 Chased
7 Word on a penny
8 March time
9 Au naturel
10 Midterm, e.g.
16 Swift plane
18 Cease
19 Hägar's daughter
20 Pub drinks
21 Expensive Monopoly property
24 Seethe
25 Pot starter
26 Turns right
28 Dictionary
31 Blue
34 Wisdom tooth
35 Closes a jacket
36 Sailing
37 Time gone by
40 One ___ time
42 Programmer's problem
43 Greek vowel
44 Actor Cariou

24

ANSWER, PAGE 117

ACROSS

1 ___ Dancer (Richard Pryor role)
5 Mexican region
9 Scopes
11 Wide-awake
13 Historic ship
14 Like some pockets
15 Long, long time
16 Batting fourth
18 Move like a serpent
20 Fury
21 Stephanie Zimbalist's dad
22 Some saucers
23 Mom's order
24 Exist
25 Nimble
27 Bright
29 ___ Mahal
30 Postal pouch
32 Wedding in secret
34 Go astray
35 Diminished
36 Giraffe's cousin
38 Horse
39 Cube or sphere
40 Spot
41 Fast flyers

DOWN

1 Quips
2 Colorful bird
3 *A Farewell to Arms* actress
4 Stable bit
5 Farm machine
6 Inter ___
7 *Flashdance* actress
8 Conductor Toscanini
10 Drawer scent
12 Uses a keyboard
17 Lunar craft
19 Serving aid
22 Russian river
24 Pamplona pals
25 Worries
26 Keen sense of taste
27 Francisco or Juan
28 La Brea sight
30 Annapolis student
31 Crossword diagrams
33 Tiny sound
37 WBA wins

25

ANSWER, PAGE 118

ACROSS

1 Congress workers
6 Use a camera
11 High-stepping aid
12 Reddish dye
13 *Home for the Holidays* actress
15 In addition
16 Real estate buy
17 Tread the boards
18 Grows tired
20 Stephen of *The Crying Game*
21 Battleship initials
22 Sibelius, for one
23 1929 event
26 Picks up, as a bill
27 Foolhardy
28 Evergreen tree
29 Airport info, for short
30 Barren areas

34 Hockey legend Bobby
35 Co.'s kin
36 Bran type
37 *Picket Fences* actress
40 Showiness
41 Comedienne DeGeneres
42 Appears
43 Baseball's Pee Wee

DOWN

1 "Nonsense!"
2 Make amends
3 Comic Radner
4 Building wing
5 Chic
6 Closes
7 Farm layer
8 New York neighbor

9 Words under the Lincoln Memorial
10 Kilt patterns
14 Works the garden
19 Go fast
22 Golf cry
23 Bayou residents
24 Daily grind
25 Generally
26 Chess legend
28 Sherilyn of *Twin Peaks*
30 Losing schemes
31 Actress Esther
32 Yarns
33 Songwriter Jule
38 Ewe's mate
39 Bullfight cry

26

ANSWER, PAGE 119

ACROSS

1 Tower site
5 Missile holders
10 Do newsletter work
11 Pacific ocean current
12 Faxed
13 Pulled in
14 Corporate event
16 Journey break
20 Pornographic
23 Yale backer
24 Rodeo rope
25 Well items
27 Mamie's mate
28 Ultimatum end
29 Besides
32 Sweater type
36 Eschews the restaurant
39 Greek letter
40 Tank top's lack
41 Press
42 DC 10, for one
43 Jargon

DOWN

1 Nuisance
2 Brainstorm
3 Kitchen fixture
4 Swears
5 Catch some z's
6 Opening bars
7 Ignited
8 Math unity
9 Ground
11 Representative
15 Director Preminger
17 Bridal wear
18 Wings
19 Increase
20 Like a beanpole
21 Shark type
22 Addict
25 Get ready for surgery
26 Like some exercise
28 Sheepish
30 German steel center
31 Green shade
33 Aloe ___
34 Harrow rival
35 Talk like a lunatic
36 Kreskin's forte
37 The whole shebang
38 Afternoon party

27

ANSWER, PAGE 120

ACROSS

1 Photographer Diane
6 Battle mementos
11 Geoffrey of fashion
12 Size site
13 Cotton alternative
14 "___ a Parade"
15 In the past
16 Service reward
18 Compete
19 Roseanne Conner's hubby
20 Switch positions
21 Sixth sense
22 Finishes
24 Deuce beater
25 Clique
27 Parka part
29 Death personified
32 Supply with weapons
33 Adjective for Abner
34 Genetic stuff
35 Siesta
36 In the style of
37 Giant great Mel
38 Imitates a beaver
40 Make pigtails
42 Long-plumed bird
43 ___ Coeur
44 Oboe parts
45 Old anesthetic

DOWN

1 Rub
2 Bush predecessor
3 In a class by itself
4 First numero
5 Transmitted
6 Minor blunders
7 *East of Eden* brother
8 Sterling
9 Improve
10 One of Disney's septet
17 Under attack, perhaps
23 Turf
24 Acapulco aunt
26 Patient's setback
27 Closet item
28 Florida fruit
30 Whole
31 Rodent-catching dog
33 Survives
39 Unite
41 Long.'s counterpart

35

28

ANSWER, PAGE 121

ACROSS

1 Adhesive stuff
6 Titled ladies
11 Singer Lotte
12 Wield, as power
13 Compete in a bee
14 Like some leaves
15 "Beetle Bailey" dog
17 Critic Reed
18 "O'er the ___ we watched ..."
22 Provo's state
23 Pilot Chuck
27 '80s girl group, with The
29 Banish
30 Piano type
32 Margarine
33 Models
35 Dachshund's doc
38 Ruler division
39 Some doors
41 Venomous snake
45 Bowling problem
46 Actress Tatum
47 Carries
48 Streisand film

DOWN

1 Chicago trains
2 Vigor
3 Small bill
4 Marimba's kin
5 Crimean port
6 Fan
7 Chopping tool
8 Israel's Golda
9 Sea eagle
10 Underworld river
16 Attempt
18 Floor covers
19 Above
20 The Wise Men
21 Woodwind instrument
24 Singer Vince
25 Robert ___
26 Old autos
28 Chauvinists
31 Sunbather's goal
34 *Enterprise* doctor
35 Suit piece
36 Montreal player
37 Pinball no-no
40 Cravat
42 Actor Kingsley
43 Scoundrel
44 Everything

29

ANSWER, PAGE 122

ACROSS

1 Smile upon
6 Trudges
11 Texan landmark
12 Comic Mandel
13 Mah-jongg pieces
14 Hamilton or Hunt
15 Lead-ins
17 Proof-ending letters
19 Stout of mysteries
20 Blonde shade
23 Oberon and Titania circle it
25 Formerly
26 Cowed
28 Property charge
29 Represent in court
30 Costar of Kirstie and Rhea
31 Alice's boss
32 Narc's org.

33 Lady of bareback fame
35 Washroom feature
38 Abate
41 Nimble
42 Concert setting
43 Come back
44 Fought

DOWN

1 Jack Sprat's no-no
2 Actress MacGraw
3 Confirmed
4 Portent
5 Speaker's platform
6 Jacob's ladder, e.g.
7 Clark's coworker
8 Possess
9 Performed
10 Mariner's place
16 Dwelt
17 Bee product

18 Bert's pal
20 Came before
21 Play part
22 Hopper of Hollywood
24 Diarist Anaïs
25 Clumsy one
27 Biblical barber
31 Miser's concern
33 Fish feature
34 Miles of film
35 Saloon
36 Epoch
37 Try a drink
39 Actress Merkel
40 Butter serving

30

ANSWER, PAGE 123

ACROSS

1 Ditto
5 Open footwear
11 Track shape
12 One-celled creature
13 Informer
14 Treated leather
15 Commotion
16 Tag info
17 Expiate
19 Golf goal
22 Toy store buys
24 Sportscast feature, for short
26 Trojan War hero
27 Like some tea
28 Carries on
30 Exact match
31 Sis's sibling
32 Main artery
34 Minuscule
35 Steno need
38 Mechanic's place
41 Ford's running mate
42 Arthur's resting place
43 Electrically flexible
44 Tom Cruise film
45 Bible part

DOWN

1 Davenport
2 Eager
3 In direct competition: Sp.
4 Forest mammal
5 Sheet material
6 Astounds
7 Zero
8 Bear's lair
9 Fortas of the Supreme Court
10 Young fellow
16 Sinking call
18 Words of a speech
19 Gradually, in music
20 Hymn finish
21 Took the bus
22 Attire
23 Not quite closed
25 Airy tune
29 Old name of Ho Chi Minh City
30 Shout
33 Upright
34 Yarn
36 Actor Ray
37 Card collection
38 Guy's date
39 Blvd.'s kin
40 Joplin tune
41 Bit of paint

31

ANSWER, PAGE 124

ACROSS

1 Borders
6 Make suitable
11 Caterpillar, e.g.
12 Leg bone
13 Show derision
14 Insomniac's lack
15 Tooth coat
17 Traveler's stop
19 KGB counterpart
20 Interstice
23 Blue bloods
25 Florence's river
26 Sydney of
   Casablanca
28 Scandinavian
   city
29 State
30 Asian holiday
31 Heady brew
32 One vote
33 Mail-related

35 1996 "runner"
   ___ Alexander
38 Sell tickets at
   exorbitant
   prices
41 Actor's rep
42 With 1-Down,
   1994 U.S. Open
   golf champ
43 Gossip
44 Passover meal

DOWN

1 See 42-Across
2 Connie's one-time
   co-anchor
3 Parks surrounding
   a community
4 Flat
5 Arabian nomad
6 Completely lost
7 Pickle choice

8 Presidential
   nickname
9 Diner dessert
10 Spigot
16 Hymnals' kin
17 Silver bar
18 Like Odin
20 Godthaab's setting
21 "The end of ___"
22 A bit crazy
24 Summer sign
25 "___ *gratia artis*"
27 Killer flies
31 Heart connection
33 Show exhaustion
34 Lot unit
35 Put down
36 Survey question
37 Chess pieces
39 Whopper
40 Apiece

32

ANSWER, PAGE 125

ACROSS

1 Desk item
5 Leigh's costar
10 Mexican sendoff
12 Poe's middle name
13 Limited sympathy
15 Finale
16 Single
17 Draw
18 Unspeaking
20 Headliner
21 Sound/picture agreement
22 Kitchen vessels
23 V flyers
25 Big volume
28 Thick cuts
31 Vaccine type
32 More snaillike
34 Brooch
35 Marshy area
36 Oxlike antelope
37 Controversial subjects
40 UFO flyer
41 Time being
42 Irritable
43 Pekoe and oolong

DOWN

1 Shoe features
2 Handsome fellow
3 In a temperate manner
4 Cacao feature
5 Hunter's quarry
6 Politician Landon
7 Soused
8 Ranchero's rope
9 Goes in
11 Candle holder
14 In a difficult position
19 Georgia of *The Mary Tyler Moore Show*
20 Utter
24 "I Like Ike," e.g.
25 Fred Astaire movie
26 Baltimore bird
27 Praying insect
29 Feared California quake
30 Iroquois Indian
33 Tricks
35 Gaunt
38 Caress
39 Nursery resident

33

ANSWER, PAGE 126

ACROSS

1 Carved gem
6 Journalist Barry
10 Indian, for one
11 Second president
13 Ventilation features
14 For rent
15 And the like: Abbr.
16 Greek T
18 Historic time
19 Commodore's superior
22 Bouncer's question
23 Dairy buy
24 Breathing
27 Garden starters
28 Folk knowledge
29 "Caught you!"
30 Poll leader
35 Stimpy's pal
36 Broadway success
37 Actress Gardner
38 Wed secretly
40 Short putt
42 Jeans material
43 Put in office
44 Words of understanding
45 Takes it easy

DOWN

1 Cryptogram writer
2 Keen
3 Pilgrimage site
4 Mom's order
5 In front of the audience
6 Fact
7 Bother
8 Rhoda's portrayer
9 May birthstone
12 Celery servings
17 Fruity drink
20 Poe's tapper
21 Conversation filler
24 *Batman* butler
25 Rhine temptress
26 T-shirt adornments
27 Camera part
29 *Exodus* hero
31 Motif
32 Neck parts
33 Oust from a flat
34 Talks crazily
39 Bakery buy
41 Pub order

34

ANSWER, PAGE 127

ACROSS

1 Tennis great Bjorn
5 Minnesota capital
11 Brainstorm
12 Cortege car
13 Clothes, in slang
14 Squash need
15 Pitching stat
16 Red-ink item
17 Friend of Mary and Phyllis
19 Cheering word
22 West Pointer
24 El ___ (noted artist)
26 La Scala song
27 Director Preminger
28 Decimal part
30 Explosion
31 Droop
32 Traffic light color

34 Takes to court
35 Block up
38 Like a cow
41 Rank's counterpart
42 Brunch choice
43 Terminates
44 Measuring aids
45 They sometimes clash

DOWN

1 Take the bait
2 Bouquet
3 As to
4 Helium, for one
5 Tatter
6 Brewing aid
7 Armistice
8 Refuge
9 Exploit
10 Allow
16 Morse symbol

18 Pacino/De Niro movie
19 Slowing down
20 Bible book
21 Owl comment
22 Eliot-based musical
23 Realm
25 Part
29 Truck driver
30 Some ammo
33 Track competitions
34 Auction
36 Ray of war films
37 Army meal
38 In support of
39 Down Under bird
40 Singer Tillis
41 Doc's charge

35

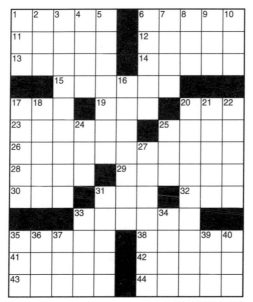

ANSWER, PAGE 111

ACROSS

1 Storybook elephant
6 Drudge
11 In the know
12 Permitted
13 Perry's secretary
14 Victim of Cortes
15 Nabokov novel
17 Ice-T's music
19 Officeholders
20 Emulate Betsy Ross
23 Orchestra member
25 Soccer great
26 Store, in business jargon
28 Writer Ferber
29 Followed
30 Go down
31 Buddy
32 Use a crowbar
33 Cotton cloth
35 November stone
38 Assumed name
41 Get out of bed
42 Fencing ploy
43 Ladies' men
44 American saint

DOWN

1 Naughty
2 Reverent wonder
3 Pen type
4 Singer Guthrie
5 Dreamer's opposite
6 Bed boards
7 Judy's daughter
8 Pretense
9 Be a contender
10 Catchall abbr.
16 All told
17 Lassos
18 Dwelling
20 Siamese cat type
21 *Oklahoma!* aunt
22 Like an untended garden
24 One ___ million
25 Greek letter
27 Salon treatments
31 Puzzle-book offerings
33 Play group
34 Detective's find
35 Label
36 Mine output
37 Wrestling win
39 In the past
40 Rep.'s colleague

36

ANSWER, PAGE 112

ACROSS

1 Teen hangout
5 Wisdom teeth
11 Netman Nastase
12 Spotted prowler
13 Gear features
14 Capital north of Syracuse
15 Olympians
17 Badge material
18 Oklahoma city
22 Howled
24 Tanker trouble
25 Jurist Fortas
26 Dems.' foes
27 "Cool!"
30 Arson yield
32 Disrobe
33 Morris, for one
34 Call to mind
38 Split base

41 Rose of the diamond
42 Dodges
43 Give for a bit
44 Makes over
45 Ages

DOWN

1 Thin-layered mineral
2 Heaps
3 Almost six trillion miles
4 Actor Nielsen
5 Debatable
6 Singing groups
7 Stops, as rain
8 In the style of
9 Squabble
10 Depot: Abbr.
16 Conclusion
19 Bar choice

20 Gin flavor
21 Yodeling milieu
22 Prohibits
23 Drive the getaway car, e.g.
28 Harangue
29 First bid
30 Super serve
31 Taste
35 Church service
36 Sicilian spouter
37 Beatty film
38 Arthur of TV
39 The works
40 Lunatic

37

ANSWER, PAGE 113

ACROSS

1 Tree house
5 Band instruments
10 Some singers
12 Blazing
13 *Presumed Innocent* author
14 Blakley of *Nashville*
15 Writer George
16 JFK info
18 Additionally
19 Jumper
21 Inside picture
22 Rink accessories
24 Pine product
25 Old gun
29 Additionally
30 Antisocial ones
32 Captain's diary
33 Charlotte made one
34 Dunderhead
35 Fragrance
37 San Antonio landmark
39 Twangy
40 Less common
41 Move like a cat
42 Sassy

DOWN

1 Birth-related
2 Escapes
3 Brief run
4 Overly
5 Scarlett's home
6 Alien ship
7 Type of fission or star
8 Concert sites
9 Run-down
11 Add sugar to
17 Bridge support
20 Notre Dame setting
21 Inert gas
23 Pressure unit
25 Like some wallpapers
26 *Dracula* star
27 One of the Borgias
28 *Seinfeld* character
29 Schemes
31 Hurling or curling
33 Base on balls
36 Chess piece
38 Track circuit

38

ANSWER, PAGE 114

ACROSS

1 Doll cry
5 Ear centers
9 *Watership Down* author
11 Is an accessory to
13 Comic Anderson
14 Pageant topper
15 Blunder
16 Small loudspeaker
18 Brandy container
20 Joplin tune
21 Bring close to a boil
22 Bar fruit
23 Supplement, with "out"
24 Theater section
25 Bud holder
27 Cager's activity
29 Keats creation
30 Serving needs
32 Satisfied
34 Low digit
35 Flexible conjunction
36 Singer John
38 Tale tellers
39 Muralist Rivera
40 Actress Ione
41 Rabbit or Fox

DOWN

1 Bucks, e.g.
2 Bedecks
3 *In the Night Kitchen* author
4 Paris pal
5 Supply the eats for
6 Theater award
7 *The Tailor of Gloucester* author
8 Brook
10 Come to an agreement
12 Platoon leader
17 Unite
19 Sham
22 Aerobatics feat
24 Enjoyed the canal
25 Kind of cords
26 Handsome youth
27 Farm layer
28 Curly, e.g.
30 Laconic
31 Man of Madrid
33 Major, for one
37 Women's ___

39

ANSWER, PAGE 115

ACROSS

1 Surrealist Salvador
5 Oman's capital
11 Test
12 Entirely
13 *Born Free* lion
14 Less speedy
15 Favorite
16 Sob
17 Elevator features
19 Illuminated
22 Evade obligations
24 Broadway hit
26 Pocket bread
27 Capital of Norway
28 Napoleon Solo's org.
30 Lake makeup
31 Ultimate
32 Tilts
34 Easter bloom
35 Afternoon event
38 Where Jefferson Davis retired
41 Cover
42 Saudi ___
43 Tortoise's rival
44 Circus workers
45 Wise ones

DOWN

1 Profound
2 Wheel connector
3 Desperate
4 "___ Yankee Doodle Dandy"
5 Scrooge, for one
6 But
7 Word on an octagon
8 Intimidate
9 Had a snack
10 Craggy hill
16 Stir-frying need
18 Language test
19 Final indignity
20 Man, for one
21 Norse god
22 Whirled
23 Innuendo
25 Sound of suffering
29 Magic potion
30 Method
33 Inventor Howe
34 Ear part
36 Rank above viscount
37 Mimics
38 Belfry resident
39 George's brother
40 Hightail it
41 Reporter's question

40

ANSWER, PAGE 116

ACROSS

1 Rock-band aids
5 Boyfriends
10 Colorado ski resort
11 Go by
12 Give the
   once-over
13 Checked for
   weapons
14 Prickly shrub
16 Corn sugar
20 Cleopatra's love
23 Pea place
24 Military blockade
25 Effect's partner
27 ___ Arbor
28 Bible strongman
29 Reds legend
32 Pinweed, for one
36 Metroliner runner
39 Press
40 Crew members

41 Joker or jack
42 States of mind
43 Stout drinks

DOWN

1 Swear
2 The Wise Men
3 Tablet
4 Iditarod animal
5 Wild party
6 Consumer
7 Fitting
8 Exploit
9 Struck out
11 Sticky stuff
15 Philosopher
   Descartes
17 Major work
18 Middling
19 Utopia
20 Rush order, in
   memos

21 High digit
22 Camping need
25 Wine container
26 Canada's neighbor
28 Chelsea's cat
30 Miscalculated
31 Crowd sounds
33 Certain exam
34 Angry
35 Some linemen
36 Limb
37 Low sound
38 Tango need

41

ANSWER, PAGE 117

ACROSS

1 Travel aids
5 Danger
11 River to the Caspian
12 Boulevard's kin
13 Metropolis
14 Lab worker
15 Topper
16 Jaunty
17 You'll get a rise out of this
19 Drop behind
22 Kind of wave
24 Digging tool
26 Burden
27 Vaccine type
28 Subway cost
30 IRS papers
31 Singleton
32 Bologna setting
34 Highlander
35 Keystone character
38 Dole out
41 Wall climber
42 Eaves dropper
43 Cuzco native
44 More submissive
45 Eons

DOWN

1 A lot of
2 La Scala offering
3 *The Miracle Worker* star
4 Cunning
5 Despises
6 Turns aside
7 Bit of peel
8 Kitchen pest
9 Feel sorry for
10 German article
16 Crony
18 Leisure
19 Cable interviewer
20 Hoss's brother
21 Some toothpastes
22 Oz visitor
23 Privy to
25 Natatorium feature
29 Actress Kidman
30 Obese
33 Copier need
34 Under the weather
36 Formerly
37 Casserole ingredient
38 Edge
39 Deck topper
40 Cravat
41 By way of

42

ANSWER, PAGE 118

ACROSS

1 Not live
6 Dutch symbol
11 Po land
12 Battery end
13 Suit material
14 External
15 Smack
17 ERA or RBI
18 Tibia site
20 For two, musically
22 Half-star review
23 Vilified
26 Pond growth
28 Bonnie's partner
29 Reverse
31 Oolong, e.g.
32 Land in the water
33 Matter beater
34 *Little Caesar* character
36 Sprawling tale
38 Talus site
40 Signed
43 Martin of movies
44 Colander's kin
45 Monopoly buy
46 Fall flower

DOWN

1 "___ folly to be wise"
2 Devoured
3 It may lose you some money
4 Illinois city
5 Pre-Easter buys
6 "The Way"
7 Odd
8 It may win you some money
9 Concept
10 Saucy
16 Rick's pianist
18 Workout sites
19 Robust
21 Dealer's need
23 Circus barker
24 Paradise
25 Not working
27 Free from blame
30 Honor student's blemish
33 Mary Quant designs
34 Foolhardy
35 Dividing word
37 Tuscany city
39 Slippery one
41 Night before
42 ___ *Rosenkavalier*

43

ANSWER, PAGE 119

ACROSS

1 Subjects
7 Agitate
11 Bored by one's life
12 Unearthly glow
13 Pal of Piglet
14 Friend
15 Stephen Crane's birthplace
17 Quite a few
20 Lagoon sight
23 Actor Vigoda
24 Smith or Jones
26 Actor ___ Ayres
27 Refinery need
28 Buck's mate
29 School units
31 Pen contents
32 Emulate a peacock
33 Record books
34 Nevertheless
37 Garden sections
39 Overly decorated
43 Buffalo sight
44 *Grumpier* ___
45 Easy gait
46 Lathered up

DOWN

1 Draw
2 Low bill
3 Foot the bill
4 O. Henry forte
5 Make sound
6 Hearty dish
7 Stone of film
8 Oliver Stone film
9 Unwell
10 Dale's husband
16 Lot units
17 Teen hangouts
18 Red as ___
19 Phil Hartman TV series
21 In the company of
22 Onions' kin
24 Like Santa's clothing
25 Samovar
30 Western sight
33 Actress Carter
35 Courts
36 Singer Guthrie
37 Hazard
38 Go astray
40 Guitarist's aid
41 Golf support
42 Terminus

44

ANSWER, PAGE 120

ACROSS

1 Grasps
6 Sudden shocks
11 Creature from outer space
12 Boise's state
13 Gaggle members
14 Pavarotti, for one
15 Skin
17 Payable
18 Veins' counterparts
22 Bring up
23 Chieftains' groups
27 LBJ, for one
29 Sportscast feature, for short
30 Playground fixtures
32 Empty
33 Gilbert and Sullivan creation
35 Stretch the truth
38 Rip
39 Farewell
41 Hamlet's followers
45 Car type
46 Wise saying
47 Savor
48 Car-plant feature

DOWN

1 Old crone
2 Grand ___ Opry
3 Stretch the truth
4 Antonio Banderas film
5 Contemptuous expression
6 Nervousness
7 Pindar poem
8 Crow's-nest cry
9 Grand
10 Tender
16 Ignited
18 Connoisseur's field
19 Country dance
20 City car
21 Kevin Costner film
24 Italy's shape
25 Give off
26 Fizzy drink
28 Sea god
31 Espy
34 M*A*S*H role
35 Swift
36 Brainstorm
37 Actions at auctions
40 Have a bite
42 Catch
43 Conceit
44 Collection

45

ANSWER, PAGE 121

ACROSS

1 Boardinghouse patron
7 Argument
11 Still green
12 Writer Janowitz
13 Combined
14 Cameo stone
15 Moses portrayer
17 Hay setting
20 Actor's rep
23 Zsa Zsa's sister
24 Require payment
26 Badge material
27 Reverence
28 Mine output
29 Not specified
31 Adm.'s org.
32 Annoy
33 Western natives
34 River features
37 Elevator part
39 Decreased in force
43 Burden
44 Saskatchewan's capital
45 Staff symbol
46 Unwavering

DOWN

1 Mai tai base
2 Binary digit
3 Hockey's Bobby
4 Strength
5 Fencing weapon
6 Cincinnati team
7 Patsy
8 Succeeded
9 Actress Irving
10 Type of shelter
16 Domesticated
17 See 39-Across
18 Sheepish
19 Spread, as searchers
21 Hospital worker
22 High schoolers
24 Caravan critter
25 Have debts
30 Disinclined
33 Custom
35 Sailors, slangily
36 Help
37 Ho of Hawaii
38 Lennon's wife
40 Aunt in Acapulco
41 Wrap up
42 Calendar box

46

ANSWER, PAGE 122

ACROSS

1 Mope
6 Sirius, for one
10 Happen again
11 Ancient measure
13 Lead-in
14 Century plant
15 Maiden name preceder
16 Golf goal
18 Covet, for example
19 Prepares, mentally
22 Afternoon social
23 On this spot
24 Oscar or Tony
27 Lebanon tree
28 Stellar bear
29 Compact, e.g.
30 Brawl
35 Patriotic monogram
36 Keats creation
37 In the past
38 Pig places
40 Highway divisions
42 Laconic
43 Without help
44 Sandra and Ruby
45 Desires

DOWN

1 Fetch
2 "Walk Away __"
3 Quartet doubled
4 Wilder's ___ *Town*
5 Plummeted
6 Like Poe tales
7 Harbor boat
8 Disconcerted
9 Côte d'Azur setting
12 Gentle
17 Simile center
20 Gown feature
21 Dear, in Dijon
24 Time of the Perseid meteor showers
25 Gained by force
26 *Top Hat* dancer
27 Court doings
29 Dancer Charisse
31 Garden aids
32 Church dogma
33 Spy
34 Finishes last
39 Language suffix
41 In the style of

47

ANSWER, PAGE 123

ACROSS

1 Seasonal ailments
6 Parker, at times
11 Famous Hittite
12 Kind of coffee or stew
13 Nervous
14 Ball
15 Archaic
16 *Norma* ___
18 Comic DeLuise
19 D.C. setting
20 Life story, for short
21 "We ___ the World"
22 Less wordy
24 Namath's team
25 Winter breakfast
27 "Rats!"
29 Walks aimlessly
32 1040 publishers
33 Nile biter
34 Yale backer
35 Took a load off
36 Penultimate Greek letter
37 Kurosawa film
38 Lower
40 O'Donnell role of 1995
42 Bill attachment
43 Worth of the theater
44 Chess victories
45 Guiding principle

DOWN

1 Depart in haste
2 Ultimatum end
3 "Blue Bayou" singer
4 ___ *Kapital*
5 Icy dessert
6 MTV offering
7 Coach Parseghian
8 *And So It Goes* writer
9 Chaperone
10 Subjects
17 Weather map object
23 Droop
24 Boxing ploy
26 Derived from practical experience
27 Defuse
28 Lawrence's place
30 Jerry's friend
31 Transgressed
33 Mimics
39 Envision
41 Bobby of the Bruins

48

ANSWER, PAGE 124

ACROSS

1 Plains grazers
6 Gofer's work
11 Loosen
12 Dickens character Heep
13 Hackneyed
14 Nostalgically trendy
15 Farm layer
16 Saxon city
18 Finale
19 Date
20 Small bill
21 Ticket remnant
23 *The ___ of Kilimanjaro*
25 Food for infants
27 Near star
28 Throw away
30 Man, for one
33 Carioca's home

34 Sopping
36 Singer Ritter
37 Cleaner additive
39 Scoundrel
40 Sleep disturber
41 Trombone part
43 "I give up!"
44 Confiscated
45 Mexican change
46 Wield

DOWN

1 Sites of roses
2 Aim
3 Some entertainers
4 OPEC concern
5 Requirements
6 Soup containers
7 Warring god
8 Protest, of a sort
9 Black and Allen
10 Was bright

17 Legal matter
22 Gold unit
24 Gallic answer
26 Kansas natives
28 Actress Signoret
29 Architect I.M.
31 Front-runner
32 Scope
33 Accumulated, as a bill
35 Refinement
38 Norse capital
42 Lenient

49

ANSWER, PAGE 125

ACROSS

1 Unyielding
6 Less bright
11 Kind of eclipse
12 "There is nothing like ___ "
13 Twentieth-century English poet
15 Bakery buy
16 Winnerless outcome
17 Galena, for one
18 Fairies
20 Mover's truck
21 Go down
22 Fur
23 Use up
26 Ones "a-leaping" in a Yule song
27 Fling
28 Lend a hand
29 Curator's concern
30 Sound in a film noir
34 Caviar
35 Actor Wallach
36 Lawyer's org.
37 Inventor/ philanthropist
40 Carries
41 Semblance
42 Detect
43 Locations

DOWN

1 Reacts to freshness
2 Dutch symbol
3 Read into
4 Remote
5 Worried
6 Window parts
7 Bother
8 Intermediate stop
9 May gem
10 Takes offense at
14 Losing proposition
19 "___ It Romantic?"
22 Pea holders
23 Egyptian symbols
24 One conditionally released
25 Singer Gloria
26 Coat parts
28 "___ Lang Syne"
30 V flyers
31 Nun's garb
32 Portly
33 Yarns
38 Reading and others: Abbr.
39 Antoine's okay

50

ANSWER, PAGE 126

ACROSS

1 Moving
6 Two-legged creature
11 Singer Lena
12 Fred Astaire's sister
13 Saw
14 To the point
15 Do origami
17 Distantly
18 Lacking strength of character
20 Titled woman
22 French friend
23 Fiasco
26 Pilgrim's goal
28 Up to
29 Make codes
31 Partner of poivre
32 Grand
33 Bluish shade
34 Tattered
36 Health food buy
38 Spanish hero
40 Prevaricators
43 Brawl
44 Flynn of film
45 Verses
46 Run-down

DOWN

1 Cry of understanding
2 Turf
3 Roundabout
4 Silver buy
5 Fishing aid
6 Belfry denizen
7 Company thinker
8 1, 4, 9, or 16
9 *Born Free* heroine
10 Some bucks
16 Presidential monogram
18 Identical
19 Portent
21 Neighbor
23 Belafonte song
24 Place
25 Noted scatter
27 Chums
30 Poker prize
33 Blazing
34 Office helper
35 Bread spread
37 Corrida cries
39 Susan of *L.A. Law*
41 Serling or McKuen
42 Foxy

51

ACROSS

1 Studied for burglary
6 Prepares for a trip
11 Met event
12 Torpedo launcher
13 More tender
14 *The Color Purple* heroine
15 Flip ingredient
16 Put in
18 *Clockers* director
19 King of France
20 Actor Beatty
21 Book sheet
23 Villain's expression
25 Pester
27 Under the weather
28 Onset
30 Catch sight of
33 Women's ___
34 Rower's need
36 Mine yield
37 Outwitter of thieves
39 Foil material
40 Breakfast fruit
41 Mosquito attacks
43 Talus
44 Actress Dunne
45 Got to one's feet
46 Pub pastime

DOWN

1 Sportscaster Howard
2 Orbital point
3 Phil Silvers role
4 Before, to Byron
5 Risk taker
6 *Tosca* composer
7 Cain's victim
8 Harry Morgan role
9 Roll type
10 Horse
17 Some answers
22 Pilot-policing org.
24 City trains
26 Reacted to a pun
28 Mute
29 Typewriter key
31 Get one's bearings
32 Past and future
33 Actor Lorenzo
35 Fanatic
38 Tie type
42 George's brother

59

52

ANSWER, PAGE 111

ACROSS

1 Like this answer
7 Influence
11 Monopoly card
12 Center
13 Study intensely
15 Admit (to)
16 Blue shade
18 Calendar span
21 Boot attachment
22 *Ben-Hur* star
24 *Exodus* hero
25 Canning need
26 Low digit
27 "Be prepared" and "Think"
29 Get up
30 Hands-up time
31 Datum
32 Michael of Monty Python
34 Fail
40 Historic canal
41 Sandra Bullock film
42 Writer Thomas
43 Australian port

DOWN

1 Teutonic cry
2 Greek X
3 Be a squealer
4 Playing various venues
5 Inverted e
6 Pictured
7 Monkey Trial name
8 Court
9 Noah's boat
10 Toady's answer
14 Store patron
16 Chef's wear
17 South American capital
19 Top story
20 Perch
21 Patriot's uncle
22 Possesses
23 Born in France?
25 Biblical prophet
28 *Billboard* listing
29 Put in order
31 Questionable
33 Permits
34 Skirt edge
35 Writer Levin
36 Badge metal
37 Hostel
38 Scottish river
39 Pig's digs

53

ANSWER, PAGE 112

ACROSS

1 Oodles
6 Glimpsed
10 West Pointer
11 Jeweler's unit
13 Protein-building acid
14 Scent
15 Maiden name indicator
16 Possess
18 Collector's goal
19 Immediately
22 Center
23 Fly high
24 Misbehave
27 Hair feature
28 Tennis star Bjorn
29 Joke
30 Justification for existence
35 Woodsman's tool

36 Convent resident
37 Sprinted
38 King with the golden touch
40 Kick out
42 Sleeper's sound
43 Windshield clearer
44 Pesky insect
45 Disreputable

DOWN

1 Meager
2 Jewelry item
3 Farewell
4 Lair
5 Got to one's feet
6 Looks over
7 Corn unit
8 Wearing away
9 Convention ID
12 Spuds
17 Spider's home

20 Ruffians
21 Custom
24 Army chief of staff Creighton ___
25 Cajoling
26 Checked the fit of
27 Ill tidings
29 Wildebeest
31 Beginning
32 Nonsense
33 Sprinted
34 Contest form
39 Coach Parseghian
41 Compete

54

ANSWER, PAGE 113

ACROSS

1 Poise
7 Sailor
11 Evening party
12 Singing group
13 Best Supporting Actor of 1995
15 Failed Ford
16 Bleachers occupants
18 Italian adieu
21 Trumpeter Al
22 Yankee great Mickey
24 Fireman's tool
25 Bad review
26 Smash
27 Straight
29 Chess turn
30 Judd Hirsch series
31 Foundation
32 Earlier

34 Best Supporting Actress of 1995
40 Shakespeare's river
41 Busy
42 Colored
43 Crooked

DOWN

1 Inquire
2 "The Raven" writer
3 Actress Ullmann
4 The East
5 Repairs
6 Harry's wife
7 Soviet dictator
8 Curve
9 Deceit
10 Ball or block
14 Pie nut
16 Handyman, slangily

17 Concert setting
19 Friend of Aramis
20 Green shade
21 2001 computer
22 Damage
23 Summer by the Seine
25 Skating category
28 Get bigger
29 Wonder
31 Natasha's cohort
33 Bit
34 Lunatic
35 Wall climber
36 Caviar
37 Actress Lupino
38 Sister
39 Choose

55

ANSWER, PAGE 114

ACROSS

1 Llama's land
5 Kind of eclipse
10 Utopia
11 Run
12 Grows older
13 *I, Robot* author
14 Kidnap victim of fiction
16 "America's famous fighting cowboy"
20 Norton's workplace
23 "___ Maria"
24 Black birds
25 *Psycho* name
27 Broadcast
28 Autocrat
29 Battle conditions on the *Enterprise*
32 Faint star
36 Oyster's home
39 Finished
40 Storage place for weapons
41 Took the bus
42 Farm type
43 Square, for one

DOWN

1 Bosc or Bartlett
2 Border
3 Clarinet need
4 Remove, as a cap
5 Modern surgical tool
6 Bring together
7 Where Rambo served
8 In the past
9 Gun the engine
11 Hotel employees
15 Towel inscription
17 Raw numbers
18 Level
19 Take it easy
20 Battle reminder
21 Buffalo's lake
22 Dictionary entry
25 Noted polar explorer
26 Gallery contents
28 Lingerie buy
30 Grape site
31 Suspicious (of)
33 Bard's river
34 Give a new look to
35 Worry
36 Melancholy
37 Pitching stat
38 Friend to François

56

ANSWER, PAGE 115

ACROSS

1 Incline
6 Estate home
11 Decimal part
12 Fight site
13 Aggressive, in a way
15 "The Gold Bug" writer
16 Tantrum
17 Links need
18 Birch family tree
20 Snide
23 Picture puzzle
27 Lustrous gem
28 Hacienda house
29 Ballet painter
31 Like lovebirds
32 Arrangement
34 Argon, e.g.
37 Blushing
38 Poke fun at
41 Scheduled
44 Burger topper
45 Sister of Anne and Charlotte
46 Strong suit
47 Old instruments

DOWN

1 Word on an octagon
2 Carson's successor
3 Pot contribution
4 Ultimate
5 Vincent Price horror classic
6 Physics stuff
7 Tatum of jazz
8 Orderly
9 Formerly
10 Garden tool
14 Lend a hand
18 Map collection
19 News summary
20 Food fish
21 King Kong, for one
22 Luggage ID
24 Purse
25 Exploit
26 Blue
30 Peaceful
31 Short, heavy club
33 Brit's brew
34 Blunder
35 Part of A.D.
36 Agitate
38 Make bootees
39 Unemployed
40 Calendar boxes
42 Stolen
43 Flightless bird

57

ANSWER, PAGE 116

ACROSS

1 Cashew family tree
6 Ill-fated auto
11 Writer Jong
12 Stood
13 Good feature
14 Buccaneers' home
15 Director's cry
16 Moon features
18 Corrida cry
19 In what manner?
20 Tell tales
21 Toasty
23 Unspoken
25 Willard's Ben, for one
27 Talkative critter?
28 Metalloid element
30 Strawberry purchase
33 Truck part
34 Golf goal

36 Wrath
37 Former
39 Casual top
40 *West Side Story* heroine
41 Hawke of *Before Sunrise*
43 Computer key
44 Unfettered
45 Pert
46 Full

DOWN

1 Manatee
2 Actress Andress
3 Jack Lemmon film
4 Top card
5 Fishing goal
6 Corrode
7 "Doggone!"
8 Jack Lemmon film
9 Vivacious wit

10 Rent
17 Balderdash
22 Impair
24 Upper limit
26 Shaped shrubs
28 Split base
29 *Platoon* setting
31 Fold
32 Lamented loudly
33 Arrives
35 Film units
38 Draws
42 ___ man (unanimously)

65

58

ANSWER, PAGE 117

ACROSS

1 Doll cry
5 Top tortes
10 Skilled
12 Less well-done
13 Yarns
14 Writer John
15 Conceit
16 Flip ingredient
18 Allen of TV
19 Find a home
21 Horn output
22 Like some
   tableware
24 Music's Armstrong
25 Coarse language
29 Grant of films
30 Irritate
32 Yon fellow
33 Sack
34 Computer
   acronym

35 Thrill
37 Wed
39 Fizzy quaffs
40 Fireplace tool
41 Golf course
   hazards
42 Extremely

DOWN

1 Chess wins
2 Saws
3 Giants great
4 Mimic
5 Kermit, for one
6 Cheering word
7 Makes speeches
8 Network show
9 Hobo
11 *The Waste Land*
   author
17 Not counterfeit
20 Score

21 Plague
23 In a row
25 Tar
26 Fleet
27 Bowling goal
28 Actor Christian
29 Bureau
31 Nail file material
33 Porgy's love
36 Spigot
38 Elec. Day mo.

59

ANSWER, PAGE 118

ACROSS

1 Sans spouse
7 Rara ___
11 Cherished
12 Thin-layered mineral
13 Easter event
14 Cameo stone
15 Cut a rug
17 Mile's equivalent
20 Tolerate
23 Some
24 Threatened
26 Sought office
27 Tina's ex
28 French friend
29 Encyclopedia volumes
31 Youngster
32 Paris sight
33 Camera part
34 Havana head
37 Be nomadic
39 Wakened
43 Poker stake
44 Soar
45 Banana waste
46 Toady

DOWN

1 Drain of vigor
2 Actress Lupino
3 Postal Creed word
4 Homecoming attendees
5 Castor's mom
6 Perfect place
7 Microscope sight
8 Justify
9 Frigid
10 Combo instrument
16 Walking aids
17 Two-time American League MVP
18 Ludicrous
19 Sell to many newspapers
21 Evildoer
22 Does magazine work
24 Blends
25 ___ out a living (get by)
30 Tooth cover
33 Paleontologist Leakey
35 Serving aid
36 Be nomadic
37 Music category
38 Quarter of four
40 *Casablanca* pianist
41 Greek vowel
42 Lair

60

ANSWER, PAGE 119

ACROSS

1 Sweeping
5 Yellow fruit
11 Parrot
12 Salem setting
13 Catch
14 Report card signer
15 Homesteaders
17 Golf need
18 Usher's place
22 Embarrassing outburst
24 Sonora snacks
25 Paving goo
26 Nile serpent
27 Tinker-Chance go-between
30 Veronica's rival
32 Greek enchantress
33 Curator's concern
34 Sleeveless garment
38 Spite

41 Neighborhood
42 Dwellings
43 High school student
44 Maroon
45 Tacks on

DOWN

1 Chicken tenders
2 Lot unit
3 Broken
4 Hit list
5 Vatican VIP
6 Turkey's highest point
7 Iran, once
8 Application form datum
9 Over there
10 Hill builder
16 Grant's foe
19 Strewn

20 Misplaced
21 Catch sight of
22 Goblet feature
23 Bat's home
28 Dwell
29 UFO's shape
30 Naughty
31 Book goofs
35 Comfy home
36 Watermelon item
37 Opposite of *avec*
38 Ticked off
39 Honest fellow
40 ___ Alamos

61

ANSWER, PAGE 120

ACROSS

1 Command
7 King or queen
11 Musical key
12 Bread spread
13 Kirk Douglas movie
15 Ham's need
16 Lascivious look
18 Head of the class
21 Early jazz
22 Workout unit
24 Singleton
25 Beanie
26 Had a bite
27 Tuition collector
29 Easy gait
30 Take by surprise
31 Genghis ___
32 Polite denial
34 Jean-Claude Van Damme movie
40 Land east of the Urals
41 Slowly, in music
42 Heredity unit
43 Packing a wallop

DOWN

1 Dance, in France
2 Flightless bird
3 Part of HRH
4 Menu choice
5 To date
6 Stamped on
7 Jockey's garb
8 Actress MacGraw
9 Sports judge
10 Buck's mate
14 Tatter
16 Lucy's brother
17 Tennis star Chris
19 Butler's wife
20 Sleeping mattress
21 Chore
22 Duffer's dream
23 Favorite
25 Kayak's kin
28 Dessert treat
29 Warning of trouble
31 Boy, slangily
33 Easy task
34 Droop
35 Take advantage of
36 Noisy commotion
37 Epoch
38 Badge material
39 Stolen

62

ANSWER, PAGE 121

ACROSS

1 Moss-covered
6 Scenery chewers
10 Tennis star Agassi
11 Custom
12 Iced tea additive
13 Protective-layer gas
14 Give off
15 Wonder of music
16 Knight's title
17 Young seal
18 Sixth sense
19 Serving site
22 Fake coin
23 Mecca native
26 Not invincible
29 Truck part
32 Top card
33 Hoover, for one
34 The East
36 Do, for one
37 Facing the pitcher
38 Director Polanski
39 Inclines
40 Capsize
41 Dates
42 Ladies' men

DOWN

1 Least bright
2 Rivals
3 Byrd, for one
4 Jog
5 Hankering
6 Mist
7 Superior to
8 Short skirts
9 Soak in liquid
11 Dorm cooker
15 Grinder's kin
17 Beauty contests
20 Margarine holder
21 Historic time
24 Gut
25 Far from subtle
27 Pretend to be
28 Corrects
29 Paint layers
30 Bandleader Shaw
31 Sunday reading
35 Chow
36 Yup's opposite
38 Floor cover

63

ANSWER, PAGE 122

ACROSS

1 Man, for one
6 Charlatans
11 Piano piece
12 Arm bones
13 Test answer
14 Certain loop
15 The works
16 Gave fresh vigor to
18 Prevaricate
19 Actor Wallach
20 Crafty
21 *Shane* star
23 Accomplishments
25 General address
27 Fan's cry
28 Iron output
30 Towel inscription
33 According to
34 Bud
36 Mythical flyer
37 What pH measures
39 Keats work
40 Mystery or romance
41 Turn red, perhaps
43 Mystery writer's award
44 "Flashdance" singer Cara
45 Takes it easy
46 Fills parts

DOWN

1 Happen to
2 Venezia setting
3 Exerted influence
4 Koch and Asner
5 Plow pioneer
6 More droll
7 Soothing plant
8 Is familiar with procedures
9 Stands in a studio
10 Run-down
17 Pole worker
22 Game piece
24 Ooh and ___
26 Some swords
28 Break off
29 Welcome sight
31 Chinchilla, e.g.
32 Play divisions
33 Beeper
35 Song snippet
38 "Doggone!"
42 George's brother

71

64

ACROSS

1 Prods
6 Tries for a strike
11 Foe
12 *Four Quartets* poet
13 Showed over
14 High-strung
15 Computer add-ons
17 Freshly
18 One of the Everlys
20 Writer Morrison
22 Allow
23 Parachute part
26 Extreme
28 Soak
29 Planets
31 Here, in Latin
32 Spot
33 Copper
34 Present
36 Tombstone lawman
38 Goof
40 Talked lovingly
43 Love, Italian-style
44 New Zealand native
45 Was furious
46 Actor Hawke

DOWN

1 A pop
2 Small bill
3 Miss Piggy's pal
4 Computer messages
5 Agreement
6 Wager
7 David Mamet play
8 Piglet's pal
9 Finish last
10 Ragout
16 Schedule abbr.
18 Additionally
19 Computer screen button
21 See 29-Across
23 Angel's prop
24 Leg part
25 Church group
27 Fix a painting
30 Needle part
33 Eastern European
34 Equipment
35 ___ *La Douce*
37 Pinnacle
39 Wine choice
41 History chunk
42 Noise

65

ANSWER, PAGE 124

ACROSS

1 Homecoming attendee
5 Barbecue rods
10 Flower part
12 "Be quiet," slangily
13 Look
15 Eden name
16 Sawbuck
17 Actress Lupino
18 Fix copy a second time
20 Field pest
21 Depleted
22 Painter Holbein
23 Idaho city
25 Treaty
28 Titles
31 Greek letters
32 Boxing need
34 Fishing aid
35 Toddy ingredient
36 Hill builder
37 Leave in haste
40 Exploiting
41 Sister's daughter
42 Awaits
43 Snare

DOWN

1 Fall flower
2 Foliage
3 Maintenance
4 W.C.'s 1940 costar
5 Look over
6 Bad review
7 Rajiv Gandhi's mother
8 Attached, in a way
9 Soda fountain items
11 Barrio resident
14 Awakening
19 Red ink items
20 Prefix with receptor or therapy
24 Pink shade
25 Confined
26 Relaxed
27 Pussy willow feature
29 Elusive one
30 New York Indian
33 ___ throat
35 Cloth pieces
38 Finale
39 Humorist

66

ANSWER, PAGE 125

ACROSS

1 Ruler
7 Milky gem
11 Maryland player
12 Mother of Castor
13 Pilfers
14 Plummet
15 Nearsighted
17 Openings
20 Fireplace waste
23 Purpose
24 Remote places are
   miles from it
26 Syr. neighbor
27 Evil
28 Knotts or Rickles
29 Fiats
31 Peculiar
32 Set of principles
33 Addition column
34 Make level
37 Lot unit

39 Threat end
43 Cheer
44 In unison
45 Jailbirds
46 Like some
   arguments

DOWN

1 Distress call
2 Museum contents
3 Father's Day gift
4 Wanders
5 Friend
6 Mexican coin
7 Getting up there
8 Made a roost of
9 Fuss
10 Napkin setting
16 Ratchet wheel
   parts
17 Tour leader
18 Good quality

19 French draft horse
21 Wear down
22 Transmits
24 Eleanor, to Teddy
25 Flamenco cheer
30 Jeans
   strengtheners
33 Verdi creation
35 Bible boatsman
36 Incite
37 Rainbow shape
38 Dove's call
40 Permit
41 Envision
42 TV's Byrnes

67

ANSWER, PAGE 126

ACROSS

1 Game hunt
7 Superhero garb
11 Musical key
12 Region east of the Urals
13 Gem in a Peter Sellers film
15 Red Square name
16 Prompts
18 Fogginess
21 Sentry's cry
22 Chipmunk's kin
24 College major
25 Bandleader Kyser
26 Bottom of some scales
27 Fable ends
29 Sleuth played by Peter Lorre
30 Site of Haleakala Crater
31 Trail
32 Snide expression
34 Character chased by Alice
40 Roll call answer
41 Refer
42 Yoked beasts
43 Started a garden

DOWN

1 Fool
2 French friend
3 Shark feature
4 Short sock
5 Lassos
6 Turkey neighbor
7 Treat for tabbies
8 Volcano output
9 Bakery treat
10 Corn serving
14 Spock's portrayer
16 Rebound
17 Beyond: Prefix
19 Use a camera
20 Decimal part
21 Deli choice
22 Tank filler
23 Old auto
25 Actor Kevin
28 *Pride and Prejudice* author
29 Statue material
31 Washington portraitist
33 Notable times
34 Reporter's question
35 Spell
36 Fury
37 Rose-to-be
38 Chemical suffix
39 Jane's hubby

68

ANSWER, PAGE 127

ACROSS

1 Door feature
6 Go yachting
10 "Gesundheit" preceder
11 Radius neighbors
13 Computer command
14 Trattoria fare
15 Polite address
16 Gardener's tool
18 ___ Aviv
19 He rode Citation to the Triple Crown
22 Slave leader Turner
23 Actor Alda
24 Made roads
27 Occupies
28 State
29 Prohibit
30 He rode Secretariat to the Triple Crown
35 Caboodle's partner
36 Butter serving
37 ___ Tin Tin
38 Draw out
40 Not hidden
42 Summer TV fare
43 Stair part
44 Monopoly card
45 Pert

DOWN

1 Oversight
2 Bitter
3 Bronze medalist's place
4 Debate side
5 Quick-tempered one
6 Apartment worker
7 CSA member
8 Put in
9 Football pass
12 Beauty parlors
17 Stable bit
20 Like helium
21 Egypt's capital
24 Barrow's partner in crime
25 Steered clear of
26 Business gamble
27 Ingredients
29 Lingerie buy
31 Capsize
32 Lock of hair
33 Akron products
34 Hallway
39 Billiards need
41 By way of

69

ANSWER, PAGE 111

ACROSS

1 Cleaning cloths
5 Drops back
9 Farewell
11 Fixes copy
13 Pitcher Ryan
14 Gentleman's gentleman
15 Planet
16 Quake
18 Less well-off
20 Yale player
21 Like raisins
22 Cereal choice
23 Koppel of *Nightline*
24 Wager
25 Bidding choice
27 Chicago squad
29 Curator's concern
30 Worker with no motivation left
32 Valor
34 Deceit
35 Modern messages
36 Rented spaces
38 Beetle's boss
39 Belief
40 Headliner
41 Whirlpool

DOWN

1 Talked too much
2 Found irresistible
3 Washington portraitist
4 Vast expanse
5 Crowbar
6 Hoss's older brother
7 Actor in *She Done Him Wrong*
8 Bette Midler film
10 Freed, in a way
12 "Rose is a rose ..." poet
17 Blushing
19 Conks out
22 Noggin
24 Deprived
25 Walks the waiting room
26 Scents
27 Harass
28 Was fitting
30 Farm machine
31 Irritable
33 Latvian capital
37 Director Spike

70

ANSWER, PAGE 112

ACROSS

1 Picaresque hero
7 Complaint
11 Onto dry land
12 Storybook monster
13 Marx Brothers movie
15 Plus
16 Farm puller
18 Electrical unit
21 Mail
22 Lament
24 In the style of
25 Longing
26 Actor's aid
27 Shallow sound
29 Jargon
30 Depend
31 Brewing ingredient
32 White Cliffs setting

34 Marx Brothers movie
40 Arm bone
41 Attached
42 Hop attendee
43 Maroon

DOWN

1 Sinking ship deserter
2 Bat wood
3 Yon lady
4 Blue shade
5 Stand
6 Staying power, in show biz slang
7 Dregs site
8 Conceit
9 Blunder
10 Electrician's charge
14 Brad Pitt film

16 Grinding tooth
17 Custom
19 Not widespread
20 Pester
21 Crony
22 Ponderosa pa
23 Surfing site
25 Fools
28 Father, in slang
29 Peanut pioneer
31 Worth
33 Docs for dachshunds
34 Dull existence
35 Corrida cry
36 Binary digit
37 Actress Lupino
38 Swindle
39 Finale

71

ANSWER, PAGE 113

ACROSS

1 Swift flyers
5 Sky lights
10 Sensational
12 Discussion group
13 Tolerate
14 Susan Lucci role
15 Gist
16 Michael Jackson hit
18 Staff
19 Refrain bits
21 Color-wearing group
22 Karate award
24 Done in
25 Parks around a city
29 Tolerate
30 Alkali metal
32 Topper
33 *Alice* character
34 Magnetite, e.g.
35 Stage comment
37 Frequently
39 Photography session
40 Lugged
41 Discernment
42 Criticizes severely

DOWN

1 Bias
2 Commuter's home
3 Clan-based
4 Caesar of comedy
5 Ignored the limit
6 Roofing goo
7 "20 Questions" category
8 Withdraw a statement
9 Loose talk
11 Fiasco
17 Scornfully
20 CD player part
21 Heredity factors
23 Trinket
25 Kyoto companion
26 Ham needs
27 Ray of *Something Wild*
28 Soup container
29 Explosion
31 Fixes
33 Dole out
36 Morse unit
38 Dandy

72

ANSWER, PAGE 114

ACROSS

1 Scrutinizes
6 Nun's attire
11 Puccini opera
12 Rogers's partner
13 Inert gas
14 Actress Sinclair
15 Excessively
16 Actress Joanne
18 Museum topic
19 First numero
20 Racing circuit
21 Bro's counterpart
22 Bring down
24 Secrete
25 Flyers' group
27 Foundation
29 Forerunner
32 Historic time
33 Vigor
34 Society page word
35 Hightail it

36 Mine output
37 Name associated
   with
   "Unforgettable"
38 *The Tempest*
   character
40 Spiny-leaved plant
42 Crimean port
43 Earring sites
44 Take the wheel
45 Depleted

DOWN

1 Condition
2 Long cigar
3 Like a miss
4 Sgt., e.g.
5 *Happy Gilmore* star
6 Finish a skirt
7 Actress Gardner
8 Dennis Rodman
   book

9 Humphrey's
   Casablanca costar
10 Feared fly
17 Spread owner
23 Game piece
24 Yon lass
26 Undoes
   amendments
27 Secures ropes
28 Turkey's highest
   point
30 Add yeast to
31 Hate
33 Like the ice caps
39 Simone's season
41 Foe of the Dems.

73

ANSWER, PAGE 115

ACROSS

1 Make suitable
6 Washington's successor
11 Crew member
12 Neighbor of Turkey
13 Whoopi Goldberg film
15 Cunning
16 Actor Kilmer
17 Spelling contest
18 Sides in an eternal battle
20 Panama divider
23 Calendar spans
27 Help out
28 Oversupply
29 Corpsman
31 Janet Jackson hit
32 Twangy
34 Switch setting
37 Snapshot
38 Common answer
41 Dennis Quaid film
44 "Splish Splash" singer
45 Stan's partner
46 Boulder
47 Catch some z's

DOWN

1 Trajectories
2 Toy store buy
3 Not at home
4 Part of MPG
5 See the world
6 Scarlett's love
7 Do fabric work
8 Fast horse
9 Mud
10 Fill
14 Coltrane's instrument
18 Lustrous fabric
19 Actor George
20 Engine part
21 Presidential nickname
22 Composer Rorem
24 Capp and Kaline
25 Groove
26 Pig's digs
30 "Scarface"
31 Cantina snack
33 Coveting, e.g.
34 Bookie's offering
35 College party site
36 Casino game
38 Harvard rival
39 Buffalo's lake
40 Rung
42 Martini base
43 Wing

74

ANSWER, PAGE 116

ACROSS

1 Prepares potatoes
6 Shoe parts
11 Keen
12 Rejoice
13 Try to make clear
14 Sacrifice site
15 Bonkers
16 Samovar
18 Cravat
19 In the past
20 Favorite
21 Number times its reciprocal
22 Force unit
24 Flight feature
25 Capital of Assyria
27 Long-running musical
29 Poland's Lech
32 Half of dos

33 Vampire, e.g.
34 Kernel holder
35 Dentist's degree
36 Yale alum
37 Wheel part
38 Condescend
40 Stop
42 Took it easy
43 Ninnies
44 Rival
45 Prerequisites

DOWN

1 Dealer in tatters
2 Old cold spell
3 Reduce from inflated importance
4 Greek vowel
5 Attack
6 Inclined
7 Rock singer Rose

8 Skip unnecessary introduction
9 Seinfeld character
10 Silkwood star
17 Subscription extension
23 "___ folly to be wise"
24 Partner of poivre
26 Papal place
27 Be affectionate
28 Like llamas
30 Drunk
31 Convent head
33 Twisted
39 Lapidary concern
41 Language suffix

75

ANSWER, PAGE 117

ACROSS

1 Irritates
6 Diva's practice
11 NC-17 movie attendee
12 "Hammerin' Hank"
13 Flying copycat
15 Like a fox
16 Table feature
17 Madison Avenue output
18 Pilot
20 Karate awards
23 Painter of ballerinas
27 Pennsylvania port
28 Type of dancer
29 Fantasy
31 Microsoft tycoon Bill

32 Afghanistan's capital
34 Health resort
37 Sister
38 Tango number
41 Tiny flyer
44 Force
45 Proceeded toward a target
46 Trattoria specialty
47 Track great Jesse

DOWN

1 Super Bowl XIV losers
2 Matinee star
3 Ethel's pal
4 Wapiti
5 High-stepping aids
6 Drooped
7 Taxi
8 La Scala song

9 Lady's husband
10 Concludes
14 Maiden name preceder
18 Rare treat
19 Fit for a king
20 Flower plot
21 Botch up
22 Deceit
24 Obtained
25 Epoch
26 Distress call
30 Philippines city
31 Enthusiastic
33 Burger holder
34 Pack and send
35 Cougar
36 Guitarists' aids
38 Use a stopwatch
39 Carolina flyer
40 Betting concern
42 Convened
43 Type of tie

76

ANSWER, PAGE 118

ACROSS

1 Bed board
5 Actor/singer Cassidy
10 Salary
11 Far from fine
12 Congregation cry
13 Like old cars
14 Traveler's need
16 Jewish holiday
20 Bar perches
23 Blvd.'s kin
24 Smarts
25 Count of music
27 *A Chorus Line* song
28 General Colin
29 Account record
32 Logging-on need
36 Fly
39 Baseball family name
40 Fireplace bit
41 Patronize the library
42 Confiscates
43 Capitol cap

DOWN

1 Trade
2 Tibetan monk
3 Bronze and Iron
4 Sawbuck
5 Whiskey drinks
6 Must
7 Connoisseur's concern
8 Exploit
9 Beatty of *Deliverance*
11 Angry
15 Cronies
17 Bud holder
18 Satanic
19 Country dance
20 Go on a binge
21 Salad fish
22 Refinery needs
25 Greets the villain
26 Clumsy
28 Tough puzzle
30 Digging tool
31 Perkins's role in *Psycho*
33 Bread spread
34 Act the nomad
35 Ranch guest
36 Play a part
37 By way of
38 Squid's defense

ANSWER, PAGE 119

ACROSS

1 Bus passenger
6 Make broader
11 Battery end
12 Idolize
13 German mathematician
14 Grinch creator
15 Second Greek letter
17 Help, in a way
18 Plummeted
20 Heir list
22 Mimic
23 Bank workers
26 Closet wood
28 Tattooed lady of song
29 Seesaws
31 Gelid
32 Tony Hillerman character
33 Workout sites
34 Garden tool
36 Broadway dud
38 Mountain nymph
40 Cager Shaquille
43 Writer McMillan
44 Hold contents
45 Rashness
46 Mork's boss

DOWN

1 Joplin tune
2 One ___ million
3 Some buses
4 Ford failure
5 Remainder
6 Used to be
7 In a perfect world
8 Ones with both pensions and salaries
9 Gaelic
10 Robin's home
16 Reverence
18 Almanac item
19 Olympics weapon
21 Miseries
23 Ash, for one
24 Costa ___
25 Utters
27 Fundamentally
30 Foul caller
33 Sub system
34 Portnoy's creator
35 Scope
37 Nuts
39 Color
41 Give it ___ (attempt)
42 Actor Chaney

78

ANSWER, PAGE 120

ACROSS

1 Pinnacle
5 Contradict
10 Deep ravine
12 Iowa religious society
13 "The Jolly Beggars" poet
15 Poetic preposition
16 Actress Farrow
17 Envision
18 Rarely
20 Film holder
21 Schedule
22 Termini
23 Wreck beyond repair
25 Post-bath wear
28 Disconcert
31 Crocus's cousin
32 Train component
34 Excavate
35 Shade source
36 Dark cuckoo
37 Nathan Birnbaum
40 Soundtrack composer Morricone
41 Command to Fido
42 Goblet parts
43 Pale

DOWN

1 Farm units
2 Bits of work
3 The phone company personified
4 Language suffix
5 Rum cake
6 Flightless bird
7 Captain in *The Sea-Wolf*
8 Poverty-stricken
9 Art stands
11 Peter Lorre film role
14 Schedule
19 Calendar items
20 Take it easy
24 Fission weapons
25 Corduroy features
26 Get one's bearings
27 Dreaded quake
29 Alarms
30 Actress Daryl
33 Far from safe
35 They may clash
38 Border
39 ___ tree (cornered)

79

ANSWER, PAGE 121

ACROSS

1 Unspoken
6 Goals
10 Wonderland visitor
11 Fixes copy
13 Bile's source
14 So far
15 Kimono sash
16 Campaigned
18 Period
19 *Rebel Without a Cause* director
22 Before, to Byron
23 Canary's home
24 Map collection
27 Fixed shoes
28 Watermelon bit
29 Place
30 *The World of Apu* director
35 French friend
36 Rockies time zone: Abbr.
37 Compass pt.
38 "Grease ___ word"
40 Last Greek letter
42 Garage jobs
43 Wanders
44 Corrals
45 Do refinery work

DOWN

1 Eagle's grasper
2 Suspect's story
3 Kind of duty or pride
4 Rink surface
5 Frightening things
6 Noted volcano: Latin
7 Altar promise
8 "20 Questions" category
9 Warehouse purpose
12 Influenced
17 Pub brew
20 Rash
21 *Ivanhoe* author
24 Attack
25 Joins forces
26 Beatles song
27 Beaus
29 Bed attire, for short
31 In ___ (disordered)
32 *Superman* star
33 Heavenly harpist
34 Baking need
39 Rooster's mate
41 Apple pie baker

80

ANSWER, PAGE 122

ACROSS

1 Rough guess
5 Stores
10 PBS series
11 Archie's daughter
12 Andy's pal
13 Bemoan
14 Produce
16 Not extreme
20 Brief news offering
23 Performed
24 Nary a soul
25 Dudley of *Arthur*
27 Under the weather
28 Lab burner creator
29 Stand
32 Set free
36 Kalahari setting
39 Actor Sharif
40 Participant in anarchy
41 Leave out
42 Llama's home
43 Burrowing animal

DOWN

1 Hosiery problem
2 Big book
3 Shakespeare's river
4 One at first, e.g.
5 Agenda
6 Bart's dad
7 Mill shipment
8 Brooch
9 Used a hassock
11 Sylvan clearing
15 Memorization
17 Fusses
18 Grow weary
19 Utopia
20 Hand or foot
21 Equine game
22 Toy store buy
25 Trumpet accessory
26 Like some schoolhouses
28 Storybook elephant
30 Cream of the crop
31 Prepares potatoes
33 Bullets
34 Follow
35 Noted art deco pioneer
36 Coach Parseghian
37 Shark feature
38 Serling or Stewart

81

ANSWER, PAGE 123

ACROSS

1 Bring close to boiling
6 Turn
11 Kate's mate
12 Ryan of *The Beverly Hillbillies*
13 Aspirations
14 High story
15 Volcano output
16 Supply with a crew
18 "___ Blue?"
19 *The Crying Game* star
20 Ump's call
21 Cushion
22 Climb
24 Like bulls
25 Ultimate consumer
27 Eye part
29 Low point

32 Hill dweller
33 ___ Perignon
34 Fury
35 Bake sale sponsor
36 Low bill
37 ___ Ripken, Jr.
38 Blow one's top
40 *La ___ Vita*
42 Western star Lash ___
43 Fred Astaire's sis
44 Barbecue parts
45 Lackey's answers

DOWN

1 Caravan site
2 Seals up
3 Star closest to the sun
4 Deceit
5 Tutu of South Africa

6 Ferber novel
7 Table scrap
8 Some electrons
9 *The Muppet Show* drummer
10 Make a choice
17 Bird painter
23 Print units
24 Ran into
26 Eventually
27 Jacket feature
28 Corner
30 Wise answerer
31 Brawls
33 Is overly fond
39 ___ up with (abide)
41 Lyric poem

82

ANSWER, PAGE 124

ACROSS

1 Folder features
5 Hangs low
9 Avoided work
11 Akron wares
13 Path
14 NBA star
15 Bauxite, e.g.
16 Long-haired toy dog
18 Play time
20 Tacit okay
21 Derisive sound
22 Holds title to
23 Draw
24 ___ Lanka
25 Humorist Mort
27 Pub pastime
29 Actor's signal
30 Idolize
32 Initially
34 JFK info

35 Macbeth, for one
36 Talks like a lunatic
38 Chelsea's cat
39 Polar workers
40 Repose
41 Harp's kin

DOWN

1 Austrian region
2 Loves
3 Exhausted and speechless
4 Go down
5 Expensive wrap
6 "___ She Sweet?"
7 Resentfully jealous
8 Add salt to
10 Coy
12 Winter gliders
17 Curator's concern
19 Dirty

22 Hockey's Bobby and others
24 *Being and Nothingness* writer
25 Sings à la Ella
26 Michener or Mailer
27 Uno doubled
28 Grandma, often
30 Take forcibly
31 Out of fashion
33 Printer's needs
37 Everything

83

ANSWER, PAGE 125

ACROSS

1 Mists
5 Range
10 Lotion ingredient
11 Ruling threesome
12 Light filler
13 The Rio Grande, partly
14 Stopped being tough
16 Become derailed
20 Fold
23 Cry of insight
24 Phone word
25 Female following
27 Actress Merkel
28 Jayhawker's home
29 Cheered enthusiastically
32 Rehashed
36 Monotheism tenet
39 Steak choice
40 Protagonists
41 Equips
42 Kiosk
43 Tons

DOWN

1 Viper feature
2 Butter substitute
3 Gorilla
4 Dakar's country
5 Composer Ferde
6 Heart connection
7 Central
8 Island strings
9 Roofing stuff
11 Steak choice
15 Fair
17 Hawk's interest
18 Costar of Ted and Kirstie
19 Thanksgiving dish
20 Drink quickly
21 Clinton's attorney general
22 Verve
25 Robustly healthy
26 Pyrenees nation
28 Sorts
30 Goad
31 Courted
33 Colorado ski resort
34 Therefore
35 Musical symbol
36 Surprised sounds
37 Catch
38 Historic time

84

ANSWER, PAGE 126

ACROSS

1 Ignominy
6 Swimming problem
11 Actress Sophia
12 Numerical comparison
13 Past one's prime
15 Corral
16 Unprocessed
17 Enjoy Aspen
18 Pencil parts
20 Jiffy
21 Wimbledon unit
22 Undiluted
23 First family of 1910
26 Shot in the dark
27 Is mistaken
28 Apiece
29 Paris pal
30 She'll get what's coming to her
34 Fair grade
35 Slalom maneuver
36 Had a bite
37 Pressured
40 Grand, for one
41 Change the Constitution
42 Beach grains
43 Classifies

DOWN

1 Incline
2 Hang in the air
3 Gladiator's milieu
4 Mal de ___
5 Main dishes
6 Ship staffs
7 Cheerleading cry
8 In disagreement
9 Farmers, at times
10 Regulates
14 Stag
19 Swift flyers
22 Contented sound
23 Service items
24 Yerevan's nation
25 *The Feminine Mystique* author
26 Oriental entertainers
28 Nuisance
30 Long lunches
31 Gung-ho
32 Publicity act
33 Transmits
38 Finale
39 Comic Philips

85

ANSWER, PAGE 111

ACROSS

1 ___ life
6 Broadway's Joshua
11 Like good sentries
12 Worth of the theater
13 Without help
14 *A Fistful of Dollars* director
15 Red, perhaps
17 Alum
18 Wise one
20 Chase (balls)
22 Bakery buy
23 Small pianos
26 That is: Latin
28 Bulgaria's capital
29 Tidies
31 Archaic
32 Trucker's rig
33 On the house
34 Pot starter
36 Reduce
38 Checks the vibration of
40 Kind of candle
43 To any extent
44 Saw
45 Mint output
46 Actress Lisa

DOWN

1 Cote cry
2 Evil
3 Camera pioneer
4 Corbin's role on *L.A. Law*
5 Short distance
6 Diamond ___ (Mae West role)
7 Italian dressing ingredient
8 Heavyweight champ of the '70s
9 Paquin of *The Piano*
10 Poverty
16 Kreskin's forte
18 Whirl
19 Man Friday
21 Radiator sound
23 Goblet part
24 Mah-jongg piece
25 *Justine* author
27 Church topper
30 Quick taste
33 Tolkien character
34 Eden evictee
35 Brussels-based org.
37 Saudi native
39 Cunning
41 Mature
42 Surfing site

86

ANSWER, PAGE 112

ACROSS

1 Paloma's dad
6 Malice
11 Where van Gogh painted
12 Domesticated
13 Unit of magnetic flux
14 Geriatrics topic
15 Exist
16 Deeply felt
18 Collar
19 Slippery one
20 Set the pace
21 Dance part
23 A googol has 100
25 Blushing
27 Gun (an engine)
28 Characteristic
30 Sense
33 Settle the bill
34 Candy counter buy
36 Pub quaff
37 Olympic competitor
39 Ethane, for one
40 Hogs' homes
41 Catches
43 Available, as a flat
44 Poker ploy
45 Béarnaise sauce base
46 Title holder

DOWN

1 Heathens
2 Turkey's highest point
3 Fats Domino hit
4 Guitarist Paul
5 Actor Davis
6 Country's ___ Brothers
7 Call to the phone
8 Fats Domino hit
9 Past and present
10 Moved cautiously
17 ___ Percé
22 Shooter ammo
24 Foul caller
26 Assimilates
28 Body decoration
29 Noted pharaoh
31 Go by
32 Inferior
33 Pallid
35 European underground
38 Onion's kin
42 Unprocessed

87

ANSWER, PAGE 113

ACROSS

1 Survives
6 Sighed cry
10 Misbehave
11 Dressed to the ___
13 Struck, Bible-style
14 Yawl's kin
15 Jiffy
16 Feel sick
18 Geologic time division
19 *Fahrenheit 451* star
22 Old auto
23 Start a hand
24 Recoiled
27 Accumulate
28 Actor Sean
29 Spanish gold
30 Streep or Hoffman
35 Exploit
36 Chicago trains
37 French friend
38 Burn a bit
40 Moron
42 Art stand
43 Nick of *48 HRS.*
44 Jersey cagers
45 Argon and radon

DOWN

1 Ranch rope
2 High points
3 Investment choice
4 Egypt's "Boy King"
5 Fished, in a way
6 Foot feature
7 Tell whoppers
8 Reception aid
9 Spy's info
12 Is generous
17 ___ Jima
20 Fight site
21 Pitcher Martinez
24 Husband, e.g.
25 Revolutionary mercenary
26 Fragrant material
27 Getting up
29 It gives a hoot
31 Film units
32 Carpentry needs
33 Ham it up
34 Ceremonies
39 Attain
41 Edmond O'Brien movie

88

ACROSS

1 Rodeo item
6 Natasha's cohort
11 Pale
12 Radiate
13 Trance
14 Columbus's home
15 Nonprofessional
17 Building wing
19 Hither and ___
20 Jose or Pedro
23 Shallow sound
25 Columbus's home
26 Succinctly
28 Pinnacle
29 Claudius's nephew
30 Envision
31 Stale
32 Soapmaking
  ingredient
33 Secret meetings
35 Lose it

38 Loudly rooting
41 Come to
42 Car choice
43 Wendy's friend
44 *Gunsmoke* barkeep

DOWN

1 ___ Palmas
2 Nile biter
3 Fraud
4 Actress Ward of
  Sisters
5 Hit by the Platters
6 Set in
7 The yoke's on
  them
8 Diamond score
9 Altar promise
10 Vast expanse
16 Like utility bills
17 Inventor Howe
18 Javelin

20 Pays
21 Choreographer
  Alvin
22 *Mulholland Falls*
  star
24 Low bill
25 Resistance unit
27 Inept person
31 Waiter's concern
33 Confiscate
34 *Enterprise*
  counselor
35 Interstice
36 Have debts
37 Porch welcomer
39 Fitting
40 Actor Fernando

89

ANSWER, PAGE 115

ACROSS

1 Disparage one's opponent
6 Take on
11 Magna cum ___
12 Bishop topper
13 Inert gas
14 Veronica's rival
15 Struggle
16 Paper people
18 Traveler's stop
19 Misery
20 Young fox
21 Like some dorms
23 Protractor measure
25 ___ Town
27 Boot part
28 Move stealthily
30 Actor Sharif
33 Actor DeLuise
34 Singer Shannon
36 PGA player
37 Former mistake
39 Pitching stat
40 Like dunce caps
41 VCR attachments
43 Conductor Previn
44 Namely: Latin
45 Stratum
46 Classes

DOWN

1 Croatian, e.g.
2 Passing great Dan
3 Hungarian-born conductor
4 Bother
5 Make fresh
6 Encompassing
7 Losing plan
8 German-born conductor
9 Rob and Laura's last name
10 Rendezvous
17 Dennis Quaid thriller
22 Owing
24 Sticky stuff
26 Lessener
28 Ring around the sun
29 Apiece
31 Haul in
32 Ribbing tributes
33 Model adornment
35 Clark's partner
38 Father
42 Knot-tying words

90

ANSWER, PAGE 116

ACROSS

1 Superhero accessories
6 Plateaus
11 Sky shade
12 Concert setting
13 Buffalo skater
14 Gaudy
15 The works
16 Buck's counterpart
18 Cheering word
19 Islands souvenir
20 Officeholders
21 Before, in odes
22 Scented bag
24 Remain
25 Ship captured by John Paul Jones
27 Ballade, e.g.
29 Kings and queens
32 Hockey legend
33 Command to Fido
34 Scoundrel
35 Actress Ullmann
36 Stolen
37 Contend
38 Nantes's river
40 Omit
42 Spanish hero
43 Kitchen gadget
44 Prerequisites
45 Crystal gazers

DOWN

1 Noted cellist
2 Flowering shrub
3 Point of some announcements
4 Slip up
5 More run-down
6 Chess endings
7 Historic age
8 Presidential protectors
9 Turkey's capital
10 Mays utterance
17 Neighbor of New York
23 Fashion line
24 Part of RSVP
26 Some clubs
27 Allergy exacerbater
28 Colorful bird
30 Oakland player
31 Takes the wheel
33 Garden buildings
39 Disencumber
41 Deceit

91

ANSWER, PAGE 117

ACROSS

1 Finishes last
6 Battle reminders
11 Removed
12 Film
13 Anagram of 37-Across
15 Wisk competitor
16 Actor Wheaton
17 In the style of
18 Klugman's costar
20 Youngster
21 Writer Levin
22 Tramp
23 Carried
26 Angry fit
27 Hand or foot
28 Merriment
29 Trawling need
30 Loose cloaks
34 Shade tree
35 Hostel
36 Mont Blanc, for one
37 Anagram of 13-Across
40 Free of censorship
41 *Alice* star
42 Hammer parts
43 Kiosk

DOWN

1 Type of printer
2 La Scala offering
3 *Cosmos* author
4 Go astray
5 Ship worker
6 Miniature
7 Barracks bed
8 Lindbergh, for one
9 John Wayne western
10 Capitol VIP
14 River to the Colorado
19 Nutritionist's concern
22 Search
23 Prepares to play
24 Like some bridges
25 Chickadees' kin
26 Tornado shapes
28 Vampire feature
30 Catching aids
31 Caterpillar, e.g.
32 Basketball's Baylor
33 Use up
38 Convent resident
39 Stable bit

ANSWER, PAGE 118

ACROSS

1 Franz's costar
6 Toppers
10 M*A*S*H setting
11 Toe or two
12 Piano key material
13 Seething
14 *Dead Man Walking* star
15 Be a fink
16 Veiled comment?
17 Presidential nickname
18 Snaky swimmer
19 Attendance figures
22 Ring
23 Spheres
26 Ones in need of vacations
29 Mischievous one
32 Bartender on *The Simpsons*
33 Colt, e.g.
34 In the vicinity
36 Ernst's art
37 Farewell
38 Grave
39 Script components
40 Solo
41 Lad's friend
42 Schemes

DOWN

1 "Never mind!"
2 Set an earlier time for
3 Magnetite, e.g.
4 Sea flyer
5 Utter
6 Al of jazz
7 Playing marble
8 Silent movie feature
9 Pittsburgh output
11 Caller's sound
15 Letter after sigma
17 Ohio city
20 Collar
21 Hit show sign
24 Fear cause
25 Class member
27 Dale's hubby
28 Catches
29 Completely
30 TV, radio, etc.
31 Aspirin targets
35 Roger of *Cheers*
36 Toy store buy
38 Dunderhead

93

ANSWER, PAGE 119

ACROSS

1 Director's dream
6 Bad writers
11 First quarter, for one
12 ___-garde
13 Actress Irene
14 Serpent
15 Select
16 Summer cooler
18 Neptune's domain
19 Sister
20 The Matterhorn, e.g.
21 Do newspaper work
23 Natasha's colleague
25 Maiden name preceder
27 Foil base
28 Change for the better
30 Sign
33 Past
34 Rug rat
36 "Prince ___" (*Aladdin* song)
37 Bond's drink
39 Campaigned
40 Top story
41 Studio output
43 Vacation site
44 Happening
45 Less bananas
46 Famed mayor

DOWN

1 Stand against
2 Gave form to
3 Cagney's role in *Mister Roberts*
4 Simile center
5 Pine product
6 Needy one
7 Eager
8 Billy Batson's alter ego
9 Prepares for prayer
10 Bikini part
17 New reporter
22 Golf need
24 Southern resort
26 Temptress
28 Hercule's creator
29 Ho of Hawaii
31 Friend of George and Jerry
32 Nonagenarian's minimum
33 Stockpile
35 Used a watch
38 Exhaust
42 Eggs

ANSWER, PAGE 120

ACROSS

1 Harry's wife
5 Fights
11 Pining
12 John-Boy's mom
13 Casual talk
14 Florist's field
15 School dance
16 Ike's ex
17 Politician's concern
19 Actor Mineo
22 Blood bank patron
24 Jerk
26 *Othello* villain
27 Tibetan monk
28 Shift to a sidetrack
30 North America's third largest river
31 Trophy
32 Suspect's story
34 Faucet problem
35 Catch
38 React to pollen
41 Gawk
42 Flyer's rank
43 Cuckoo
44 Carter's home
45 Location

DOWN

1 *Brandenburg Concerto* composer
2 Canyon sound
3 Getting in good condition
4 Go down
5 Ferber novel
6 Genetic copies
7 Beatles meter maid
8 Actress Gardner
9 Brooch
10 State
16 Roofing stuff
18 Earth's satellite
19 Jarring
20 Clip contents
21 Bank action
22 Music buy
23 Diamond Head setting
25 Iron, for example
29 John Clayton's alias
30 Puppy's sound
33 Charges against property
34 Bruce's wife
36 Choir member
37 Top
38 Maple's blood
39 Zero
40 Paleozoic, for one
41 Switch settings

ANSWER, PAGE 121

ACROSS

1 Bowls over
5 Arrest
11 Scope
12 Potential tennis player?
13 X-ray, in a way
14 Party target
15 Like some floors
17 George's brother
18 Without possibility of victory
22 Lamb product
24 Sleep soundly?
25 Stellar cat
26 Tier
27 Cuban dance
30 Foot ailments
32 Driving hazard
33 Boxing legend
34 Scoundrels
38 Lawn grass
41 Catcher's place
42 Black-and-orange bird
43 Congregation answer
44 Made tea
45 Circus sight

DOWN

1 Scrub
2 Whale film
3 Tedious
4 Keanu's costar in *Speed*
5 Mafia chief
6 Burger toppers
7 Hubert was his veep
8 Mauna ___
9 Picnic pest
10 Stephen of *The Crying Game*
16 Method
19 Like a nervous Nellie
20 Press
21 Type of print or room
22 Shade trees
23 Close up
28 Grant
29 *My Favorite Year* star
30 Container
31 Trite
35 Mimicked
36 Portent
37 Transmitted
38 Director Reiner
39 Blunder
40 Fade out

96

ANSWER, PAGE 122

ACROSS

1 Old English forest
6 Dense
11 Slowly, in scores
12 Ruth's surpasser
13 Tony, for one
14 Fantasy creature
15 Blubber
17 Emulate a beaver
18 Rotisserie item
20 Opposed to
22 Give the boot
23 Used a mirror
26 Protractor measure
28 Seeing red
29 Forensics expert
31 Storage site
32 Is in the red
33 Pig's place?
34 Sighed cry
36 FDR's mother
38 Place to wear a toga
40 Place to wear a toga
43 Actress MacDowell
44 *Frasier* pooch
45 Takes it easy
46 Rx amounts

DOWN

1 Like
2 Unprocessed
3 Planning places
4 Long-plumed bird
5 Protuberance
6 Playground game
7 Do a surfing stunt
8 De-creasing places
9 Robin Cook book
10 Wasn't ignorant
16 Golf goal
18 Tropical fish
19 Window part
21 Close
23 Tennis star Sampras
24 Estrada of *CHiPs*
25 Force unit
27 Litigant's action
30 Road curve
33 Madrid museum
34 Distantly
35 Single
37 Copied
39 ___ *amis*
41 Bind
42 "You betcha!"

97

ANSWER, PAGE 123

ACROSS

1 Con game
5 ERA, RBI, etc.
10 Bible book
12 Winter quaff
13 On the way to fame
15 Gratuity
16 Millinery buy
17 Excavate
18 Fishing nets
20 Ceremony
21 Derisive sound
22 Like tea in summer
23 Old photo tint
25 Lose color
28 Played a part
31 Eye part
32 Nervous horse, perhaps
34 Gun (an engine)
35 Greek letter
36 6, on the phone
37 Constant
40 *Addams Family* character
41 Bert's buddy
42 Annie's pooch
43 Top-rated

DOWN

1 Turns off
2 Duplicates
3 Neat ___
4 Stag party attendees
5 Highlander
6 Alley cat
7 Tart
8 This evening, in ads
9 Drooped
11 Cling
14 Opening night affair
19 They may be counted
20 Lasso
24 Old cold spell
25 Historic events
26 Singer Franklin
27 Enter completely
29 Royal fur
30 Mr. Wilson's bane
33 Thesaurus compiler
35 Nervous
38 In addition
39 Planet

98

ANSWER, PAGE 124

ACROSS

1 Actor's prize
6 Titled women
11 Maine town
12 First name in talk
13 Is sulky
14 Like some mustard
15 Fresh
17 Caltech rival
19 Charged atom
20 *East of Eden* brother
23 Vast expanses
25 ___ bene
26 Set setting
28 Long in politics
29 Rob and Laura's last name
30 Bond, for one
31 Fishing need
32 Price component
33 Spot
35 Fix software
38 Finishes last
41 Up
42 Vamoose
43 Trendy topper
44 Building wing

DOWN

1 "Alley ___"
2 Hit show sign
3 Cox of *Friends*
4 Pot bit
5 *William Tell Overture* composer
6 Egg buy
7 Made like
8 ___ *Miniver*
9 Corrode
10 Bashful
16 Drunkard
17 Light circlers
18 Get covered with frost
20 Loose woman
21 Heart parts
22 Paint type
24 Some
25 Undoing word
27 Feature of François
31 Man of many words
33 Cook in the microwave, slangily
34 *Raising Arizona* director
35 Bit of makeup
36 Lamb's mom
37 Tavern
39 Time preceding
40 Gender

ANSWER, PAGE 125

ACROSS

1 Closes
6 Like some jeans
11 Sound-related
12 Texas landmark
13 Kept in reserve
14 Scoring speed
15 Peter Rabbit's creator
17 Polite address
18 Wrath
19 Tin alloys
22 Newsman Koppel
23 Horse house
24 Castles
25 Confound
27 Wire thickness unit
30 Tolkien wizard
31 Letterless phone button
32 Trail
33 Nap
35 Stout
38 John of music
39 Cotton units
40 Deceive
41 Moves carefully
42 French actor Alain

DOWN

1 "Cut that out!"
2 Writer Balzac
3 Wed
4 Diplomat's need
5 Convertible
6 Stout
7 Stout
8 Maiden
9 *Star Wars* baddies
10 Jim Morrison's group, with The
16 Rings again
20 Goldsmith's *The Vicar of* ___
21 Recipe abbr.
24 *Mayberry* ___
25 Nursery rhyme start
26 California team
27 Zero in films
28 Wholly
29 "___ Me"
30 Shakespeare's theater
34 Writer Wiesel
36 Envision
37 Superman's insignia

100

ANSWER, PAGE 126

ACROSS

1 Cardiff's setting
6 Sheets of stamps
11 La Scala doings
12 Rejoice
13 Traveler's stop
14 Beat
15 Diner sandwich
16 Draw
18 Prohibit
19 It has a head and hops
20 Officeholders
21 Language ending
22 Bakery buys
24 Incite
25 Raids
27 Enthralled
29 Catch
32 Chunk of history
33 Beavers' creation
34 Bother
35 Wrestling need
36 Actress Lupino
37 Greek X
38 Actor's rep
40 Confiscated
42 "___ Pass GO"
43 Rival of King
44 Diary writing
45 Fills

DOWN

1 Burrowing marsupial
2 Moon mission
3 Exclusive right granted by a sovereign
4 Before, in poems
5 More like sailors' language
6 "For ___ sake!"
7 Firefighter's tool
8 Illegal gambling activity
9 Texas town
10 Stashed away
17 As a substitute
23 Young one
24 Favorite
26 Cons
27 Filmed again
28 Spanish region
30 Stick
31 Scoreboard units
33 Tune
39 Postal Creed word
41 Actress Gardner

ANSWERS

1

```
F I G A R O   A B L E
A C A D I A   T O O T
R E P A S T   T U B A
    G E H R I G
V A S E   O C H R E
A D O   C R Y S T A L
L O U   R O C   O I L
U P G R A D E   U S E
E T H A N     S T A N
  T S E T S E
U H O H   R I P E N S
R O U E   A Z A L E A
N E T S   Y E L L O W
```

18

```
R A J A H   M A L E S
A L A M O   I R E N E
F L Y I N G S T A R T
T A N   O L E   T O T
S H E A R E R   H U E
    N E E   J E T E
A B N E R   P O R E S
C R O W   L A B
C U T   S E N S A T E
E S T   P A T   G A T
P H O T O F I N I S H
T U B E R   N O L T E
S P E N T   G R E E R
```

35

```
B A B A R   S L A V E
A W A R E   L I C I T
D E L L A   A Z T E C
  L O L I T A
R A P   I N S   S E W
O B O I S T   P E L E
P O I N T O F S A L E
E D N A   T A I L E D
S E T   M A C   P R Y
  C A L I C O
T O P A Z   A L I A S
A R I S E   L U N G E
G E N T S   S E T O N
```

52

```
A C R O S S   S W A Y
C H A N C E   C O R E
H I T T H E B O O K S
  O W N U P
A Q U A   Y E A R
S P U R   H E S T O N
A R I   J A R   T O E
M O T T O S   R I S E
N O O N   F A C T
  P A L I N
H I T T H E S K I D S
E R I E   T H E N E T
M A N N   S Y D N E Y
```

69

```
R A G S   L A G S
A D I E U   E D I T S
N O L A N   V A L E T
O R B   T R E M B L E
N E E D I E R   E L I
  D R I E D   B R A N
  T E D   B E T
P A S S   B E A R S
A R T   B U R N O U T
C O U R A G E   L I E
E M A I L   F L A T S
S A R G E   T E N E T
  S T A R   E D D Y
```

85

```
B I G A S   L O G A N
A L E R T   I R E N E
A L O N E   L E O N E
  R I P E   G R A D
S A G E   S H A G
P I E   S P I N E T S
I D E S T   S O F I A
N E A T E N S   O L D
  S E M I   F R E E
A N T E   P A R E
D A M P S   R O M A N
A T A L L   A D A G E
M O N E Y   B O N E T
```

ANSWERS

2

S	C	R	U	B	■	M	A	T	A	■
A	R	O	M	A	■	A	B	E	T	S
G	U	L	P	S	■	S	U	S	H	I
E	E	L	■	E	G	O	■	T	E	N
S	L	E	E	P	I	N	G	B	A	G
■	■	T	A	N	■	R	A	R	E	■
P	U	S	H	Y	■	P	I	N	T	S
A	L	A	I	■	R	A	E	■	■	■
P	U	N	C	H	I	N	G	B	A	G
E	L	D	■	O	P	T	■	A	G	E
R	A	M	B	O	■	H	E	L	E	N
S	T	A	I	D	■	E	V	E	N	T
■	E	N	D	S	■	R	E	S	T	S

19

C	U	R	E	■	S	P	I	G	O	T
A	N	O	N	■	L	E	N	O	R	E
S	I	L	T	■	O	R	A	T	E	D
A	T	L	A	N	T	I	S	■	■	■
■	■	C	I	A	■	L	E	T	O	N
P	S	A	L	M	■	S	C	O	R	E
A	L	L	■	■	■	■	L	A	W	■
T	I	L	D	E	■	P	I	L	L	S
E	D	S	E	L	■	E	T	C	■	■
■	■	■	P	U	R	C	H	A	S	E
P	A	G	O	D	A	■	A	L	E	X
A	R	I	S	E	N	■	C	L	A	P
D	I	G	E	S	T	■	A	S	T	O

36

M	A	L	L	■	M	O	L	A	R	S
I	L	I	E	■	O	C	E	L	O	T
C	O	G	S	■	O	T	T	A	W	A
A	T	H	L	E	T	E	S	■	■	■
■	■	T	I	N	■	T	U	L	S	A
B	A	Y	E	D	■	S	P	I	L	L
A	B	E	■	■	■	■	G	O	P	■
N	E	A	T	O	■	A	S	H	E	S
S	T	R	I	P	■	C	A	T	■	■
■	■	R	E	M	E	M	B	E	R	■
B	A	N	A	N	A	■	P	E	T	E
E	L	U	D	E	S	■	L	E	N	D
A	L	T	E	R	S	■	E	R	A	S

53

S	C	A	D	S	■	S	E	E	N	■
C	A	D	E	T	■	C	A	R	A	T
A	M	I	N	O	■	A	R	O	M	A
N	E	E	■	O	W	N	■	S	E	T
T	O	U	T	D	E	S	U	I	T	E
■	■	■	H	U	B	■	S	O	A	R
A	C	T	U	P	■	B	A	N	G	S
B	O	R	G	■	G	A	G	■	■	■
R	A	I	S	O	N	D	E	T	R	E
A	X	E	■	N	U	N	■	R	A	N
M	I	D	A	S	■	E	V	I	C	T
S	N	O	R	E	■	W	I	P	E	R
■	G	N	A	T	■	S	E	E	D	Y

70

R	A	S	C	A	L	■	B	E	E	F
A	S	H	O	R	E	■	O	G	R	E
T	H	E	B	I	G	S	T	O	R	E
■	■	■	A	S	S	E	T	■	■	■
■	M	U	L	E	■	V	O	L	T	■
P	O	S	T	■	B	E	M	O	A	N
A	L	A	■	Y	E	N	■	C	U	E
L	A	G	O	O	N	■	C	A	N	T
■	R	E	L	Y	■	M	A	L	T	■
■	■	■	D	O	V	E	R	■	■	■
R	O	O	M	S	E	R	V	I	C	E
U	L	N	A	■	T	I	E	D	O	N
T	E	E	N	■	S	T	R	A	N	D

86

P	A	B	L	O	■	S	P	I	T	E
A	R	L	E	S	■	T	A	M	E	D
G	A	U	S	S	■	A	G	I	N	G
A	R	E	■	I	N	T	E	N	S	E
N	A	B	■	E	E	L	■	L	E	D
S	T	E	P	■	Z	E	R	O	S	■
■	■	■	R	E	D	■	R	E	V	■
■	T	R	A	I	T	■	F	E	E	L
P	A	Y	■	G	U	M	■	A	L	E
A	T	H	L	E	T	E	■	G	A	S
S	T	I	E	S	■	T	R	A	P	S
T	O	L	E	T	■	R	A	I	S	E
Y	O	L	K	S	■	O	W	N	E	R

3

C	A	G	E	S	■	A	R	O	M	A
A	G	A	T	E	■	D	A	N	A	S
D	R	Y	C	L	E	A	N	E	R	S
E	E	L	■	L	A	M	■	I	C	E
T	E	E	T	E	R	S	■	R	O	N
■	■	I	R	S	■	F	O	N	T	■
C	A	R	E	S	■	T	U	N	I	S
A	B	E	D	■	T	E	N	■	■	■
R	I	G	■	M	A	N	D	A	T	E
A	L	A	■	E	R	A	■	Y	E	S
W	E	T	B	L	A	N	K	E	T	S
A	N	T	E	D	■	T	I	A	R	A
Y	E	A	T	S	■	S	T	R	A	Y

20

T	A	M	A	■	H	E	A	R	T
A	T	O	M	S	■	A	G	R	E	E
M	O	U	T	H	O	R	G	A	N	S
E	N	S	■	O	W	E	■	B	A	T
D	E	S	I	R	E	■	L	I	M	E
■	S	E	V	E	N	■	A	C	E	D
■	A	S	S	E	T	■	■
B	O	R	N	■	B	R	I	G	S
O	R	E	S	■	O	R	N	A	T	E
T	I	P	■	P	R	O	■	W	A	S
H	O	U	S	E	O	R	G	A	N	S
E	L	T	O	N	■	S	E	I	Z	E
R	E	E	D	S	■	O	N	A	N

37

N	E	S	T	■	T	U	B	A	S
A	L	T	O	S	■	A	F	I	R	E
T	U	R	O	W	■	R	O	N	E	E
A	D	E	■	E	T	A	■	A	N	D
L	E	A	P	E	R	■	X	R	A	Y
■	S	K	A	T	E	K	E	Y	S	■
■	■	R	E	S	I	N	■	■
■	F	L	I	N	T	L	O	C	K	■
P	L	U	S	■	L	O	N	E	R	S
L	O	G	■	W	E	B	■	S	A	P
A	R	O	M	A	■	A	L	A	M	O
N	A	S	A	L	■	R	A	R	E	R
S	L	I	N	K	■	P	E	R	T

54

A	P	L	O	M	B	■	S	A	L	T
S	O	I	R	E	E	■	T	R	I	O
K	E	V	I	N	S	P	A	C	E	Y
■	E	D	S	E	L	■
■	F	A	N	S	■	C	I	A	O
H	I	R	T	■	M	A	N	T	L	E
A	X	E	■	P	A	N	■	H	I	T
L	I	N	E	A	R	■	M	O	V	E
■	T	A	X	I	■	B	A	S	E	■
■	P	R	I	O	R	■
M	I	R	A	S	O	R	V	I	N	O
A	V	O	N	■	T	I	E	D	U	P
D	Y	E	D	■	A	S	L	A	N	T

71

S	S	T	S	■	S	T	A	R	S
L	U	R	I	D	■	P	A	N	E	L
A	B	I	D	E	■	E	R	I	C	A
N	U	B	■	B	A	D	■	M	A	N
T	R	A	L	A	S	■	G	A	N	G
■	B	L	A	C	K	B	E	L	T	■
■	■	S	L	A	I	N	■	■
■	G	R	E	E	N	B	E	L	T	■
B	E	A	R	■	C	E	S	I	U	M
L	I	D	■	M	E	L	■	O	R	E
A	S	I	D	E	■	O	F	T	E	N
S	H	O	O	T	■	T	O	T	E	D
T	A	S	T	E	■	P	A	N	S

87

L	A	S	T	S	■	A	L	A	S	■
A	C	T	U	P	■	N	I	N	E	S
S	M	O	T	E	■	K	E	T	C	H
S	E	C	■	A	I	L	■	E	R	A
O	S	K	A	R	W	E	R	N	E	R
■	■	R	E	O	■	A	N	T	E
S	H	I	E	D	■	A	M	A	S	S
P	E	N	N	■	O	R	O	■	■
O	S	C	A	R	W	I	N	N	E	R
U	S	E	■	E	L	S	■	A	M	I
S	I	N	G	E	■	I	D	I	O	T
E	A	S	E	L	■	N	O	L	T	E
■	N	E	T	S	■	G	A	S	E	S

4

```
S T A M P ■ L I M O ■
A R G U E ■ O W I N G
L A N D S ■ P O K E R
O D E ■ T O E ■ A L A
N E W Y E A R S D A Y
■ ■ A R T ■ A O N E
S E T H S ■ M U S E D
O L E O ■ B I D ■ ■
R E S O L U T I O N S
E A T ■ A N T ■ S A L
S N A F U ■ E V A D E
T O T E D ■ N A K E D
■ R E D S ■ S T A R S
```

21

```
P E S T O ■ S P A S M
A C T O R ■ C A C T I
W H I T E W A S H E R
N O R ■ G A L ■ E W E
■ ■ ■ B O X E R ■ ■
C U B A N ■ D A V I S
A S I S ■ ■ L I N E
L E G I T ■ P L A N E
■ ■ L A R R Y ■ ■
A P T ■ C U E ■ A M P
B L A C K M A I L E R
C O R A L ■ C R A N E
S T A T E ■ H A N D Y
```

38

```
M A M A ■ C O B S ■
A D A M S ■ A B E T S
L O U I E ■ T I A R A
E R R ■ T W E E T E R
S N I F T E R ■ R A G
■ S C A L D ■ L I M E
■ ■ E K E ■ B O X ■
V A S E ■ H O O P S
O D E ■ T E A P O T S
C O N T E N T ■ T O E
A N D O R ■ E L T O N
L I A R S ■ D I E G O
■ S K Y E ■ B R E R
```

55

```
P E R U ■ L U N A R
E D E N ■ M A N A G E
A G E S ■ A S I M O V
R E D C H I E F ■ ■
■ ■ R E D R Y D E R
S E W E R S ■ A V E
C R O W S ■ B A T E S
A I R ■ T Y R A N T
R E D A L E R T ■ ■
■ ■ R E D D W A R F
S E A B E D ■ O V E R
A R M O R Y ■ R O D E
D A I R Y ■ K N O T
```

72

```
S C A N S ■ H A B I T
T O S C A ■ E V A N S
A R G O N ■ M A D G E
T O O ■ D R U ■ A R T
U N O ■ L A P ■ S I S
S A D D E N ■ H I D E
■ ■ A I R C R E W ■
B A S E ■ H E R A L D
E R A ■ P E P ■ N E E
L A M ■ O R E ■ N A T
A R I E L ■ A G A V E
Y A L T A ■ L O B E S
S T E E R ■ S P E N T
```

88

```
L A S S O ■ B O R I S
A S H E N ■ E X U D E
S P E L L ■ G E N O A
■ ■ L A Y M A N ■ ■
E L L ■ Y O N ■ S A N
L A G O O N ■ O H I O
I N A N U T S H E L L
A C M E ■ H A M L E T
S E E ■ O L D ■ L Y E
■ ■ T R Y S T S ■ ■
G O M A D ■ A R O A R
A W A K E ■ C O U P E
P E T E R ■ K I T T Y
```

5

A	B	C	S	■	P	R	E	S	S
R	E	A	R	S	■	R	A	N	C	H
M	A	N	I	C	M	O	N	D	A	Y
O	N	A	■	R	O	W	■	I	R	E
R	E	D	D	O	G	■	A	V	E	S
■	D	A	R	L	A	■	N	E	S	T
■	■	A	L	D	E	N	■	■	■	■
A	M	E	N	■	I	S	I	N	G	■
L	I	N	K	■	S	T	E	E	R	S
A	N	A	■	S	H	E	■	E	E	L
R	U	B	Y	T	U	E	S	D	A	Y
M	E	L	E	E	■	S	A	L	S	A
S	T	E	A	M	■	■	T	E	E	S

22

N	A	M	A	T	H	■	A	V	O	N
I	T	A	L	I	A	■	L	I	F	E
P	E	E	L	E	R	■	G	A	T	E
■	■	■	O	D	D	J	O	B	■	■
A	L	L	Y	■	E	R	I	C	H
P	O	I	■	L	O	R	E	L	E	I
A	V	A	■	I	N	K	■	I	R	K
R	E	B	A	T	E	S	■	T	E	E
T	R	I	B	E	■	■	W	Y	S	S
■	■	L	A	R	E	D	O	■	■
A	V	I	S	■	R	I	V	A	L	S
S	I	T	E	■	O	M	E	L	E	T
K	E	Y	S	■	S	E	N	A	T	E

39

D	A	L	I	■	M	U	S	C	A	T
E	X	A	M	■	I	N	T	O	T	O
E	L	S	A	■	S	L	O	W	E	R
P	E	T	■	W	E	E	P	■	■
■	■	D	O	O	R	S	■	L	I	T
S	H	I	R	K	■	S	M	A	S	H
P	I	T	A	■	■	O	S	L	O
U	N	C	L	E	■	W	A	T	E	R
N	T	H	■	L	E	A	N	S	■
■	■	L	I	L	Y	■	T	E	A
B	I	L	O	X	I	■	W	R	A	P
A	R	A	B	I	A	■	H	A	R	E
T	A	M	E	R	S	■	O	W	L	S

56

S	L	A	N	T	■	M	A	N	O	R
T	E	N	T	H	■	A	R	E	N	A
O	N	T	H	E	A	T	T	A	C	K
P	O	E	■	F	I	T	■	T	E	E
■	■	A	L	D	E	R	■	■	■
C	A	T	T	Y	■	R	E	B	U	S
O	P	A	L	■	■	C	A	S	A
D	E	G	A	S	■	C	A	G	E	D
■	S	E	T	U	P	■	■
G	A	S	■	R	E	D	■	K	I	D
O	N	T	H	E	A	G	E	N	D	A
O	N	I	O	N	■	E	M	I	L	Y
F	O	R	T	E	■	L	U	T	E	S

73

A	D	A	P	T	■	A	D	A	M	S
R	O	W	E	R	■	S	Y	R	I	A
C	L	A	R	A	S	H	E	A	R	T
S	L	Y	■	V	A	L	■	B	E	E
■	■	S	E	X	E	S	■	■
C	A	N	A	L	■	Y	E	A	R	S
A	B	E	T	■	■	G	L	U	T
M	E	D	I	C	■	N	A	S	T	Y
■	N	A	S	A	L	■	■
O	F	F	■	P	I	C	■	Y	E	S
D	R	A	G	O	N	H	E	A	R	T
D	A	R	I	N	■	O	L	L	I	E
S	T	O	N	E	■	S	L	E	E	P

89

S	M	E	A	R	■	A	D	O	P	T
L	A	U	D	E	■	M	I	T	E	R
A	R	G	O	N	■	B	E	T	T	Y
V	I	E	■	E	D	I	T	O	R	S
I	N	N	■	W	O	E	■	K	I	T
C	O	E	D	■	A	N	G	L	E	■
■	O	U	R	■	T	O	E	■	■
■	C	R	E	E	P	■	O	M	A	R
D	O	M	■	D	E	L	■	P	R	O
E	R	A	S	U	R	E	■	E	R	A
C	O	N	I	C	■	W	I	R	E	S
A	N	D	R	E	■	I	D	E	S	T
L	A	Y	E	R	■	S	O	R	T	S

ANSWERS

6

S	A	G	A				S	A	R	I	
A	C	R	I	D		E	R	E	C	T	
N	A	O	M	I		E	L	M	E	R	
E	C	U		V	A	M	O	O	S	E	
R	I	N	G	E	R	S		T	U	E	
	A	D	O	R	E		R	E	P	S	
		C	O	T		P	I	C			
S	T	O	P		T	A	C	O	S		
H	E	N		M	A	G	E	N	T	A	
O	N	T	H	E	G	O		T	A	B	
P	E	R	O	T		D	A	R	L	A	
S	T	O	L	E		A	L	O	E	S	
	S	L	E	D		E	L	S	E		

23

L	O	E	W	E		P	O	I	N	T
E	R	R	O	L		U	N	D	U	E
G	E	A	R	S		R	E	E	D	S
		K	I	S	S		S	E	T	
S	H	A	P	E	S	U	P			
T	O	L	L		T	E	A	B	A	G
O	N	E	A	L		D	R	O	N	E
P	I	S	C	E	S		K	I	T	E
	E	X	A	M	P	L	E	S		
Z	A	P		I	D	O	L			
I	S	A	A	C		L	A	B	E	L
P	E	S	T	O		A	C	U	T	E
S	A	T	A	N		R	E	G	A	N

40

A	M	P	S			B	E	A	U	X
V	A	I	L		E	L	A	P	S	E
O	G	L	E		P	A	T	T	E	D
W	I	L	D	R	O	S	E			
	D	E	X	T	R	O	S	E		
A	N	T	O	N	Y		P	O	D	
S	I	E	G	E		C	A	U	S	E
A	N	N		S	A	M	S	O	N	
P	E	T	E	R	O	S	E			
	R	O	C	K	R	O	S	E		
A	M	T	R	A	K		I	R	O	N
R	O	W	E	R	S		C	A	R	D
M	O	O	D	S		A	L	E	S	

57

S	U	M	A	C		E	D	S	E	L
E	R	I	C	A		A	R	O	S	E
A	S	S	E	T		T	A	M	P	A
C	U	T		C	R	A	T	E	R	S
O	L	E		H	O	W		L	I	E
W	A	R	M		T	A	C	I	T	
	R	A	T		Y	A	K			
	B	O	R	O	N		P	E	C	K
C	A	B		P	A	R		I	R	E
O	N	E	T	I	M	E		T	E	E
M	A	R	I	A		E	T	H	A	N
E	N	T	E	R		L	O	O	S	E
S	A	S	S	Y		S	A	T	E	D

74

R	I	C	E	S		L	A	C	E	S
A	C	U	T	E		E	X	U	L	T
G	E	T	A	T		A	L	T	A	R
M	A	D		U	R	N		T	I	E
A	G	O		P	E	T		O	N	E
N	E	W	T	O	N		S	T	E	P
	N	I	N	E	V	E	H			
C	A	T	S		W	A	L	E	S	A
U	N	O		B	A	T		C	O	B
D	D	S		E	L	I		H	U	B
D	E	I	G	N		C	E	A	S	E
L	A	Z	E	D		A	S	S	E	S
E	N	E	M	Y		N	E	E	D	S

90

C	A	P	E	S		M	E	S	A	S
A	Z	U	R	E		A	R	E	N	A
S	A	B	R	E		T	A	C	K	Y
A	L	L		D	O	E		R	A	H
L	E	I		I	N	S		E	R	E
S	A	C	H	E	T		S	T	A	Y
	S	E	R	A	P	I	S			
P	O	E	M		R	U	L	E	R	S
O	R	R		S	I	T		R	A	T
L	I	V		H	O	T		V	I	E
L	O	I	R	E		E	L	I	D	E
E	L	C	I	D		R	I	C	E	R
N	E	E	D	S		S	E	E	R	S

7

```
W A F E R   S T R A W
E L I T E   T I A R A
S T R A P H A N G E R
T O E   L E G   S A P
      L A X E R
H A L E Y   D U M A S
O X E N     B A L I
W E E D S   C I D E R
    S T A L K
S A D   U S E   O D E
C L I F F H A N G E R
A L O O F   R U L E R
T Y R E S   S T E P S
```

24

```
J O J O   B A J A
A R E A S   A L E R T
P I N T A   L I N T Y
E O N   C L E A N U P
S L I T H E R   I R E
  E F R E M   U F O S
  E A T   A R E
S P R Y   S M A R T
T A J   M A I L B A G
E L O P I N G   E R R
W A N E D   O K A P I
S T E E D   S O L I D
  E S P Y   S S T S
```

41

```
M A P S   H A Z A R D
U R A L   A V E N U E
C I T Y   T E S T E R
H A T   P E R T
  Y E A S T   L A G
T I D A L   S P A D E
O N U S     O R A L
T O K E N   F O R M S
O N E   I T A L Y
    S C O T   K O P
R A T I O N   V I N E
I C I C L E   I N C A
M E E K E R   A G E S
```

58

```
M A M A   F R O S T
A D E P T   R A R E R
T A L E S   O H A R A
E G O   E G G   T I M
S E T T L E   B E E P
  S T A I N L E S S
    L O U I S
  S A L T I N E S S
C A R Y   N E T T L E
H I M   B E D   R A M
E L A T E   U N I T E
S O D A S   P O K E R
T R A P S   V E R Y
```

75

```
R I L E S   S C A L E
A D U L T   A A R O N
M O C K I N G B I R D
S L Y   L E G   A D S
    S T E E R
B E L T S   D E G A S
E R I E     G O G O
D R E A M   G A T E S
    K A B U L
S P A   N U N   T W O
H U M M I N G B I R D
I M P E L   H O M E D
P A S T A   O W E N S
```

91

```
L O S E S   S C A R S
A P A R T   M O V I E
S E G R E G A T I O N
E R A   W I L   A L A
R A N D A L L   T O T
    I R A   H O B O
T O T E D   F U R O R
U N I T   F U N
N E T   M A N T L E S
E L M   I N N   A L P
S A I N T G E O R G E
U N C U T   L A V I N
P E E N S   S T A N D
```

8

S	L	A	P	S		D	A	R	T
C	O	R	A	L		F	A	V	O	R
R	U	S	T	Y		I	T	A	L	Y
I	V	E	S		T	R	A	I	L	S
P	E	N		G	A	S		L	E	T
T	R	I	D	E	N	T	S
	S	C	A	R		A	I	R	S
		S	T	R	I	D	E	N	T
C	O	T		R	E	D		V	E	E
O	P	E	N	U	P		S	E	E	N
V	E	X	E	D		B	O	N	Z	O
E	R	A	S	E		E	A	G	E	R
R	A	N	T		D	R	E	S	S

25

P	A	G	E	S		S	H	O	O	T
S	T	I	L	T		H	E	N	N	A
H	O	L	L	Y	H	U	N	T	E	R
A	N	D		L	O	T		A	C	T
W	E	A	R	I	E	S		R	E	A
			U	S	S		F	I	N	N
C	R	A	S	H		F	O	O	T	S
R	A	S	H		F	I	R
E	T	A		D	E	S	E	R	T	S
O	R	R		I	N	C		O	A	T
L	A	U	R	E	N	H	O	L	L	Y
E	C	L	A	T		E	L	L	E	N
S	E	E	M	S		R	E	E	S	E

42

T	A	P	E	D		T	U	L	I	P
I	T	A	L	Y		A	N	O	D	E
S	E	R	G	E		O	U	T	E	R
		K	I	S	S		S	T	A	T
S	H	I	N		A	D	U	E
P	A	N		S	M	E	A	R	E	D
A	L	G	A	E		C	L	Y	D	E
S	E	T	B	A	C	K		T	E	A
		I	S	L	E		M	I	N	D
R	I	C	O		E	P	I	C
A	N	K	L	E		I	N	K	E	D
S	T	E	V	E		S	I	E	V	E
H	O	T	E	L		A	S	T	E	R

59

S	I	N	G	L	E		A	V	I	S
A	D	O	R	E	D		M	I	C	A
P	A	R	A	D	E		O	N	Y	X
			D	A	N	C	E	D
M	I	S	S		A	B	I	D	E
A	N	Y		M	E	N	A	C	E	D
R	A	N		I	K	E		A	M	I
I	N	D	E	X	E	S		T	O	T
S	E	I	N	E		L	E	N	S
	C	A	S	T	R	O
R	O	A	M		R	O	U	S	E	D
A	N	T	E		A	V	I	A	T	E
P	E	E	L		Y	E	S	M	A	N

76

S	L	A	T		S	H	A	U	N
W	A	G	E		C	O	A	R	S	E
A	M	E	N		R	U	S	T	E	D
P	A	S	S	P	O	R	T
	P	A	S	S	O	V	E	R
S	T	O	O	L	S		A	V	E
H	U	R	T	S		B	A	S	I	E
O	N	E		P	O	W	E	L	L
P	A	S	S	B	O	O	K
	P	A	S	S	W	O	R	D
A	V	I	A	T	E		A	L	O	U
C	I	N	D	E	R		R	E	A	D
T	A	K	E	S		D	O	M	E

92

S	M	I	T	S		H	A	T	S
K	O	R	E	A		D	I	G	I	T
I	V	O	R	Y		I	R	A	T	E
P	E	N	N		T	A	T	T	L	E
I	D	O		C	A	L		E	E	L
T	U	R	N	O	U	T	S
	P	E	A	L		O	R	B	S
		B	U	R	N	O	U	T	S
I	M	P		M	O	E		G	U	N
N	E	A	R	B	Y		D	A	D	A
A	D	I	E	U		S	O	B	E	R
L	I	N	E	S		A	L	O	N	E
L	A	S	S		P	L	O	T	S

9

```
B A J A . . C A S E .
I N U S E . A G E N T
P A N S Y . P E N C E
E L I . E R O S I O N
D O O D L E S . O R E
. G R E E D . F R E T
. P A T . P I C . .
J O A N . P A N I C .
E R R . W I R E T A P
E N T W I N E . I R A
R A N I N . R A Z E S
S T E N O . S L E E T
. E R G S . A N N E .
```

26

```
P I S A . . S I L O S
E D I T . E L N I N O
S E N T . N E T T E D
T A K E O V E R . . .
. . . S T O P O V E R
S M U T T Y . E L I .
L A S S O . P A I L S
I K E . O R E L S E .
M O R E O V E R . . .
. . . S L I P O V E R
E A T S I N . B E T A
S L E E V E . I R O N
P L A N E . . C A N T
```

43

```
T O P I C S . S T I R
I N A R U T . H A L O
E E Y O R E . A L L Y
. . . N E W A R K .
M A N Y . C O R A L
A B E . S U R N A M E
L E W . O R E . D O E
L E S S O N S . I N K
S T R U T . L O G S
. A N Y W A Y . .
B E D S . O R N A T E
E R I E . O L D M E N
T R O T . S O A P E D
```

60

```
V A S T . P A P A Y A
E C H O . O R E G O N
T R A P . P A R E N T
S E T T L E R S . . .
. . T E E . A I S L E
S C E N E . T A C O S
T A R . . . A S P
E V E R S . B E T T Y
M E D E A . A R T .
. . . S U N D R E S S
M A L I C E . A R E A
A B O D E S . T E E N
D E S E R T . A D D S
```

77

```
R I D E R . W I D E N
A N O D E . A D O R E
G A U S S . S E U S S
. . B E T A . A B E T
F E L L . W I L L .
A P E . T E L L E R S
C E D A R . L Y D I A
T E E T E R S . I C Y
. . C H E E . S P A S
R A K E . F L O P .
O R E A D . O N E A L
T E R R Y . C A R G O
H A S T E . O R S O N
```

93

```
O S C A R . H A C K S
P H A S E . A V A N T
P A P A S . V I P E R
O P T . I C E D T E A
S E A . N U N . A L P
E D I T . B O R I S .
. . N E E . T I N .
. A M E N D . O M E N
A G O . T O T . A L I
M A R T I N I . R A N
A T T I C . M O V I E
S H O R E . E V E N T
S A N E R . D A L E Y
```

10

```
B U R S T ■ B L O A T
E M O T E ■ O O M P H
T A T E R ■ O B E S E
■ ■ A R A B ■ N E E ■
T O M M Y R O E ■ ■ ■
A H A B ■ C O M M A S
S I L O S ■ S P A N K
S O L A C E ■ T I N Y
■ ■ T O M M Y M O E ■
G A L ■ R U I N ■ ■ ■
A L I E N ■ D E L T A
S T O V E ■ A S I A N
H O N E D ■ S T E R N
```

27

```
A R B U S ■ S C A R S
B E E N E ■ L A B E L
R A Y O N ■ I L O V E
A G O ■ T I P ■ V I E
D A N ■ O N S ■ E S P
E N D S U P ■ T R E Y
■ ■ C O T E R I E ■ ■
H O O D ■ R E A P E R
A R M ■ L I L ■ R N A
N A P ■ A L A ■ O T T
G N A W S ■ P L A I T
E G R E T ■ S A C R E
R E E D S ■ E T H E R
```

44

```
H O L D S ■ J O L T S
A L I E N ■ I D A H O
G E E S E ■ T E N O R
■ ■ P E L T ■ D U E ■
A R T E R I E S ■ ■ ■
R E A R ■ T R I B E S
T E X A N ■ S L O M O
S L I D E S ■ V O I D
■ ■ O P E R E T T A ■
F I B ■ T E A R ■ ■ ■
A D I E U ■ D A N E S
S E D A N ■ A D A G E
T A S T E ■ R O B O T
```

61

```
B E H E S T ■ C A R D
A M I N O R ■ O L E O
L U S T F O R L I F E
■ ■ ■ R A D I O ■ ■ ■
■ L E E R ■ P R O F ■
J I V E ■ P U S H U P
O N E ■ C A P ■ A T E
B U R S A R ■ T R O T
■ S T U N ■ K H A N ■
■ ■ N O S I R ■ ■ ■
S U D D E N D E A T H
A S I A ■ A D A G I O
G E N E ■ P O T E N T
```

78

```
A C M E ■ B E L I E
C H A S M ■ A M A N A
R O B E R T B U R N S
E R E ■ M I A ■ S E E
S E L D O M ■ R E E L
■ S L A T E ■ E N D S
■ ■ T O T A L ■ ■ ■
R O B E ■ A B A S H
I R I S ■ B O X C A R
D I G ■ E L M ■ A N I
G E O R G E B U R N S
E N N I O ■ S P E A K
S T E M S ■ A S H Y
```

94

```
B E S S ■ S C R A P S
A C H E ■ O L I V I A
C H A T ■ B O T A N Y
H O P ■ T I N A ■ ■ ■
■ ■ I M A G E ■ S A L
D O N O R ■ S C H M O
I A G O ■ ■ L A M A
S H U N T ■ Y U K O N
C U P ■ A L I B I ■ ■
■ ■ D R I P ■ N A B
S N E E Z E ■ O G L E
A I R M A N ■ N U T S
P L A I N S ■ S P O T
```

11

```
P U P S ■ ■ L A P P ■
A T L A S ■ A B L E R
S H A L T ■ M E A R A
S A Y ■ A N A L Y S T
E N T R I E S ■ T I E
■ T H I R D ■ C H A D
■ E S S ■ C U E ■ ■
L I M E ■ H A R P O ■
I D A ■ H A N S O M S
S I R L O I N ■ N E E
T O K E N ■ E M I L E
S T E V E ■ S P E E D
■ S T I R ■ S S T S ■
```

28

```
E P O X Y ■ D A M E S
L E N Y A ■ E X E R T
S P E L L ■ V E I N Y
■ ■ O T T O ■ R E X ■
R A M P A R T S ■ ■
U T A H ■ Y E A G E R
G O G O S ■ E X I L E
S P I N E T ■ O L E O
■ ■ E X A M P L E S
V E T ■ I N C H ■ ■
E X I T S ■ C O B R A
S P L I T ■ O N E A L
T O T E S ■ Y E N T L
```

45

```
R O O M E R ■ S P A T
U N R I P E ■ T A M A
M E R G E D ■ O N Y X
■ ■ H E S T O N ■ ■
L O F T ■ A G E N T
E V A ■ C O M E D U E
T I N ■ A W E ■ O R E
U N N A M E D ■ U S N
P E E V E ■ U T E S
■ D E L T A S ■ ■
D O O R ■ A B A T E D
O N U S ■ R E G I N A
N O T E ■ S T E A D Y
```

62

```
P E A T Y ■ H A M S
A N D R E ■ H A B I T
L E M O N ■ O Z O N E
E M I T ■ S T E V I E
S I R ■ P U P ■ E S P
T E A T A B L E ■ ■
■ S L U G ■ A R A B
■ B E A T A B L E
C A B ■ A C E ■ D A M
O R I E N T ■ N O T E
A T B A T ■ R O M A N
T I L T S ■ U P E N D
S E E S ■ G E N T S
```

79

```
T A C I T ■ A I M S ■
A L I C E ■ E D I T S
L I V E R ■ T O N O W
O B I ■ R A N ■ E R A
N I C H O L A S R A Y
■ ■ E R E ■ C A G E
A T L A S ■ S O L E D
S E E D ■ P U T ■ ■
S A T Y A J I T R A Y
A M I ■ M S T ■ E N E
I S T H E ■ O M E G A
L U B E S ■ R O V E S
■ P E N S ■ S M E L T
```

95

```
W O W S ■ C O L L A R
A R E A ■ A N Y O N E
S C A N ■ P I N A T A
H A R D W O O D ■ ■
■ ■ I R A ■ N O W I N
E S S A Y ■ S N O R E
L E O ■ ■ ■ ■ R O W
M A M B O ■ C O R N S
S L E E T ■ A L I ■
■ ■ S O A N D S O S
R E D T O P ■ H O M E
O R I O L E ■ A M E N
B R E W E D ■ T E N T
```

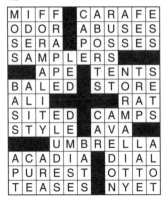

12

```
M I F F   C A R A F E
O D O R   A B U S E S
S E R A   P O S S E S
S A M P L E R S
    A P E   T E N T S
B A L E D   S T O R E
A L I           R A T
S I T E D   C A M P S
S T Y L E   A V A
      U M B R E L L A
A C A D I A   D I A L
P U R E S T   O T T O
T E A S E S   N Y E T
```

29

```
F A V O R   P L O D S
A L A M O   H O W I E
T I L E S   L I N D A
    I N T R O S
Q E D   R E X   A S H
U R A N U S   O N C E
I N T I M I D A T E D
L I E N   D E F E N D
T E D   M E L   D E A
      G O D I V A
B A S I N   L E T U P
A G I L E   A R E N A
R E P L Y   H A D A T
```

46

```
B R O O D   S T A R
R E C U R   C U B I T
I N T R O   A G A V E
N E E   P A R   S I N
G E T S P S Y C H E D
      T E A   H E R E
A W A R D   C E D A R
U R S A   C A R
G E T P H Y S I C A L
U S A   O D E   A G O
S T I E S   L A N E S
T E R S E   A L O N E
  D E E S   W A N T S
```

63

```
B I P E D   F A K E S
E T U D E   U L N A E
F A L S E   N O O S E
A L L   R E N E W E D
L I E   E L I   S L Y
L A D D   F E A T S
    S I R   R A H
  S T E A M   H E R S
P E R   P A L   R O C
A C I D I T Y   O D E
G E N R E   R I P E N
E D G A R   I R E N E
R E S T S   C A S T S
```

80

```
S T A B   S H O P S
N O V A   G L O R I A
A M O S   L A M E N T
G E N E R A T E
      M O D E R A T E
U P D A T E   D I D
N O O N E   M O O R E
I L L   B U N S E N
T O L E R A T E
      L I B E R A T E
A F R I C A   O M A R
R I O T E R   O M I T
A N D E S   M O L E
```

96

```
A R D E N   T H I C K
L A R G O   A A R O N
A W A R D   G N O M E
    W E E P   G N A W
S P I T   A N T I
C A N   P R E E N E D
A N G L E   A N G R Y
D E B A T E R   B I N
    O W E S   P O K E
A L A S   S A R A
F O R U M   P A R T Y
A N D I E   E D D I E
R E S T S   D O S E S
```

13

W	A	S	P	S	■	S	T	A	I	R
A	N	N	I	E	■	M	O	N	T	E
G	I	A	N	T	P	A	N	D	A	S
E	S	P	■	T	A	R	■	A	L	E
R	E	S	P	E	C	T	■	N	I	N
■	■	■	I	R	K	■	S	T	A	T
N	A	M	E	S	■	M	I	E	N	S
A	S	I	S	■	R	U	N	■	■	■
V	A	L	■	G	E	N	E	R	A	L
A	R	K	■	R	O	C	■	A	R	A
J	U	M	B	O	S	H	R	I	M	P
O	L	E	O	S	■	E	A	S	E	S
S	E	N	D	S	■	S	H	A	D	E

30

S	A	M	E	■	S	A	N	D	A	L
O	V	A	L	■	A	M	O	E	B	A
F	I	N	K	■	T	A	N	N	E	D
A	D	O	■	S	I	Z	E	■	■	■
■	■	A	T	O	N	E	■	P	A	R
G	A	M	E	S	■	S	L	O	M	O
A	J	A	X	■	■	■	I	C	E	D
R	A	N	T	S	■	C	L	O	N	E
B	R	O	■	A	O	R	T	A	■	■
■	■	■	T	I	N	Y	■	P	A	D
G	A	R	A	G	E	■	D	O	L	E
A	V	A	L	O	N	■	A	C	D	C
L	E	G	E	N	D	■	B	O	O	K

47

C	O	L	D	S	■	V	A	L	E	T
U	R	I	A	H	■	I	R	I	S	H
T	E	N	S	E	■	D	A	N	C	E
O	L	D	■	R	A	E	■	D	O	M
U	S	A	■	B	I	O	■	A	R	E
T	E	R	S	E	R	■	J	E	T	S
■	■	O	A	T	M	E	A	L	■	■
D	A	N	G	■	A	M	B	L	E	S
I	R	S	■	A	S	P	■	E	L	I
S	A	T	■	P	S	I	■	R	A	N
A	B	A	S	E	■	R	O	B	I	N
R	I	D	E	R	■	I	R	E	N	E
M	A	T	E	S	■	C	R	E	E	D

64

P	O	K	E	S	■	B	O	W	L	S
E	N	E	M	Y	■	E	L	I	O	T
R	E	R	A	N	■	T	E	N	S	E
■	■	M	I	C	E	■	A	N	E	W
P	H	I	L	■	T	O	N	I	■	■
L	E	T	■	H	A	R	N	E	S	S
U	L	T	R	A	■	B	A	T	H	E
S	P	H	E	R	E	S	■	H	I	C
■	■	E	S	P	Y	■	C	E	N	T
G	I	F	T	■	E	A	R	P	■	■
E	R	R	O	R	■	C	O	O	E	D
A	M	O	R	E	■	M	A	O	R	I
R	A	G	E	D	■	E	T	H	A	N

81

S	C	A	L	D	■	G	O	B	A	D
A	L	L	I	E	■	I	R	E	N	E
H	O	P	E	S	■	A	T	T	I	C
A	S	H	■	M	A	N	■	A	M	I
R	E	A	■	O	U	T	■	P	A	D
A	S	C	E	N	D	■	M	A	L	E
■	■	E	N	D	U	S	E	R	■	■
L	E	N	S	■	B	O	T	T	O	M
A	N	T	■	D	O	M	■	I	R	E
P	T	A	■	O	N	E	■	C	A	L
E	R	U	P	T	■	D	O	L	C	E
L	A	R	U	E	■	A	D	E	L	E
S	P	I	T	S	■	Y	E	S	E	S

97

S	C	A	M	■	■	S	T	A	T	S
H	O	S	E	A	■	C	O	C	O	A
U	P	A	N	D	C	O	M	I	N	G
T	I	P	■	H	A	T	■	D	I	G
S	E	I	N	E	S	■	R	I	T	E
■	S	N	O	R	T	■	I	C	E	D
■	■	■	S	E	P	I	A	■	■	■
F	A	D	E	■	A	C	T	E	D	■
I	R	I	S	■	R	E	A	R	E	R
R	E	V	■	E	T	A	■	M	N	O
S	T	E	A	D	Y	G	O	I	N	G
T	H	I	N	G	■	E	R	N	I	E
S	A	N	D	Y	■	B	E	S	T	■

14

S	L	A	B			C	H	I	P	S
H	O	S	E			C	R	A	N	I	A
O	W	E	S			L	U	R	K	E	D
P	E	A	T	M	O	S	S				
			M	E	A	T	H	E	A	D
S	H	R	A	N	K			A	L	E
K	E	A	N	U			P	A	S	T	E
I	R	T			M	E	N	T	O	R
S	E	A	T	B	E	L	T			
			H	E	A	T	W	A	V	E
A	D	O	R	E	D			E	X	I	T
P	A	P	E	R	S			R	E	D	O
B	Y	T	E	S			P	L	A	N

31

E	D	G	E	S			A	D	A	P	T
L	A	R	V	A			T	I	B	I	A
S	N	E	E	R			S	L	E	E	P
		E	N	A	M	E	L			
I	N	N			C	I	A			G	A	P
N	O	B	L	E	S			A	R	N	O
G	R	E	E	N	S	T	R	E	E	T
O	S	L	O			A	S	S	E	R	T
T	E	T			A	L	E			N	A	Y
			P	O	S	T	A	L			
L	A	M	A	R			S	C	A	L	P
A	G	E	N	T			E	R	N	I	E
Y	E	N	T	A			S	E	D	E	R

48

B	I	S	O	N			T	A	S	K	S
U	N	T	I	E			U	R	I	A	H
S	T	A	L	E			R	E	T	R	O
H	E	N			D	R	E	S	D	E	N
E	N	D			S	E	E			O	N	E
S	T	U	B			S	N	O	W	S
		P	A	P			S	U	N
		S	C	R	A	P			I	S	L	E
R	I	O			W	E	T			T	E	X
A	M	M	O	N	I	A			R	A	T
N	O	I	S	E			S	L	I	D	E
U	N	C	L	E			T	A	K	E	N
P	E	S	O	S			E	X	E	R	T

65

A	L	U	M			S	P	I	T	S
S	E	P	A	L			C	A	N	I	T
T	A	K	E	A	G	A	N	D	E	R
E	V	E			T	E	N			I	D	A
R	E	E	D	I	T			C	R	O	W
		S	P	E	N	T			H	A	N	S
			B	O	I	S	E
P	A	C	T			N	A	M	E	S
E	T	A	S			G	L	O	V	E	S
N	E	T			R	U	M			A	N	T
T	A	K	E	A	P	O	W	D	E	R
U	S	I	N	G			N	I	E	C	E
P	E	N	D	S				T	R	A	P

82

T	A	B	S			S	A	G	S
I	D	L	E	D			T	I	R	E	S
R	O	U	T	E			O	N	E	A	L
O	R	E			M	A	L	T	E	S	E
L	E	I	S	U	R	E			N	O	D
		S	N	O	R	T			O	W	N	S
			T	I	E			S	R	I
S	A	H	L			D	A	R	T	S
C	U	E			W	O	R	S	H	I	P
A	T	F	I	R	S	T			E	T	A
T	H	A	N	E			R	A	N	T	S
S	O	C	K	S			E	L	V	E	S
		R	E	S	T			L	Y	R	E

98

O	S	C	A	R			D	A	M	E	S
O	R	O	N	O			O	P	R	A	H
P	O	U	T	S			Z	E	S	T	Y
		R	E	S	T	E	D			
M	I	T			I	O	N			C	A	L
O	C	E	A	N	S			N	O	T	A
T	E	N	N	I	S	C	O	U	R	T
H	U	E	Y			P	E	T	R	I	E
S	P	Y			R	O	D			T	A	X
		N	O	T	I	C	E			
D	E	B	U	G			L	O	S	E	S
A	W	A	K	E			L	E	A	V	E
B	E	R	E	T			A	N	N	E	X

15

D	I	G	U	P		T	A	P	E	R
A	R	O	S	E		S	H	A	D	E
L	O	O	S	E	C	H	A	N	G	E
E	N	D		V	I	I		T	E	D
		G	E	A	R	S				
D	A	R	E	D		T	H	A	W	S
O	X	E	N			I	D	E	A	
M	E	D	I	C		I	N	D	E	X
		E	A	R	N	S				
S	A	T		C	U	T		A	D	S
T	I	G	H	T	B	U	D	G	E	T
A	D	I	E	U		N	I	E	C	E
R	A	F	T	S		E	P	S	O	M

32

L	A	M	P			G	A	B	L	E
A	D	I	O	S		A	L	L	A	N
C	O	L	D	C	O	M	F	O	R	T
E	N	D		O	N	E		T	I	E
S	I	L	E	N	T		S	T	A	R
	S	Y	N	C	H		P	O	T	S
		G	E	E	S	E				
T	O	M	E		S	L	A	B	S	
O	R	A	L		P	O	K	I	E	R
P	I	N		B	O	G		G	N	U
H	O	T	P	O	T	A	T	O	E	S
A	L	I	E	N		N	O	N	C	E
T	E	S	T	Y		T	E	A	S	

49

S	T	I	F	F		P	A	L	E	R
L	U	N	A	R		A	D	A	M	E
A	L	F	R	E	D	N	O	Y	E	S
P	I	E		T	I	E		O	R	E
S	P	R	I	T	E	S		V	A	N
		S	E	T		P	E	L	T	
S	P	E	N	D		L	O	R	D	S
C	A	S	T		A	I	D			
A	R	T		G	U	N	S	H	O	T
R	O	E		E	L	I		A	B	A
A	L	F	R	E	D	N	O	B	E	L
B	E	A	R	S		G	U	I	S	E
S	E	N	S	E		S	I	T	E	S

66

S	A	T	R	A	P		O	P	A	L
O	R	I	O	L	E		L	E	D	A
S	T	E	A	L	S		D	R	O	P
		M	Y	O	P	I	C			
G	A	P	S		A	S	H	E	S	
U	S	E		N	O	W	H	E	R	E
I	S	R		I	L	L		D	O	N
D	E	C	R	E	E	S		O	D	D
E	T	H	I	C		O	N	E	S	
		E	V	E	N	U	P			
A	C	R	E		O	R	E	L	S	E
R	O	O	T		A	G	R	E	E	D
C	O	N	S		H	E	A	T	E	D

83

F	O	G	S			G	A	M	U	T
A	L	O	E		T	R	O	I	K	A
N	E	O	N		B	O	R	D	E	R
G	O	N	E	S	O	F	T			
		G	O	N	E	A	W	R	Y	
C	R	E	A	S	E		A	H	A	
H	E	L	L	O		H	A	R	E	M
U	N	A		K	A	N	S	A	S	
G	O	N	E	W	I	L	D			
		G	O	N	E	O	V	E	R	
O	N	E	G	O	D		R	A	R	E
H	E	R	O	E	S		R	I	G	S
S	T	A	N	D		A	L	O	T	

99

S	H	U	T	S		F	A	D	E	D
T	O	N	A	L		A	L	A	M	O
O	N	I	C	E		T	E	M	P	O
P	O	T	T	E	R		S	I	R	
I	R	E		P	E	W	T	E	R	S
T	E	D		S	T	A	B	L	E	
		R	O	O	K	S				
	B	A	F	F	L	E		M	I	L
G	A	N	D	A	L	F		O	N	E
L	A	G		S	I	E	S	T	A	
O	B	E	S	E		E	L	T	O	N
B	A	L	E	S		L	I	E	T	O
E	A	S	E	S		D	E	L	O	N

16

D	U	C	A	T	S	■	T	O	R	E
I	N	A	R	U	T	■	H	U	E	S
G	O	L	D	R	E	C	O	R	D	S
■	■	E	N	T	E	R	■	■	■	■
■	V	A	N	S	■	D	A	B	S	■
M	E	L	T	■	V	E	X	I	N	G
A	G	E	■	G	A	S	■	B	O	O
P	A	R	C	E	L	■	S	L	O	T
■	S	T	U	N	■	S	T	E	P	■
■	■	■	D	I	A	N	E	■	■	■
G	O	L	D	E	N	O	L	D	I	E
I	D	O	L	■	T	O	L	E	D	O
S	E	X	Y	■	S	T	A	Y	O	N

33

C	A	M	E	O	■	D	A	V	E	■
O	C	E	A	N	■	A	D	A	M	S
D	U	C	T	S	■	T	O	L	E	T
E	T	C	■	T	A	U	■	E	R	A
R	E	A	R	A	D	M	I	R	A	L
■	■	A	G	E	■	M	I	L	K	■
A	L	I	V	E	■	S	E	E	D	S
L	O	R	E	■	A	H	A	■	■	■
F	R	O	N	T	R	U	N	N	E	R
R	E	N	■	H	I	T	■	A	V	A
E	L	O	P	E	■	T	A	P	I	N
D	E	N	I	M	■	E	L	E	C	T
■	I	S	E	E	■	R	E	S	T	S

50

A	S	T	I	R	■	B	I	P	E	D
H	O	R	N	E	■	A	D	E	L	E
A	D	A	G	E	■	T	E	R	S	E
■	■	F	O	L	D	■	A	F	A	R
S	O	F	T	■	D	A	M	E	■	■
A	M	I	■	D	E	B	A	C	L	E
M	E	C	C	A	■	U	N	T	I	L
E	N	C	R	Y	P	T	■	S	E	L
■	I	O	O	O	■	A	Q	U	A	■
T	O	R	N	■	T	O	F	U	■	■
E	L	C	I	D	■	L	I	A	R	S
M	E	L	E	E	■	E	R	R	O	L
P	O	E	S	Y	■	S	E	E	D	Y

67

S	A	F	A	R	I	■	C	A	P	E
A	M	I	N	O	R	■	A	S	I	A
P	I	N	K	P	A	N	T	H	E	R
■	■	■	L	E	N	I	N	■	■	■
■	C	U	E	S	■	M	I	S	T	■
H	A	L	T	■	G	O	P	H	E	R
A	R	T	■	K	A	Y	■	O	N	E
M	O	R	A	L	S	■	M	O	T	O
■	M	A	U	I	■	P	A	T	H	■
■	■	S	N	E	E	R	■	■	■	■
W	H	I	T	E	R	A	B	B	I	T
H	E	R	E	■	A	L	L	U	D	E
O	X	E	N	■	S	E	E	D	E	D

84

S	H	A	M	E	■	C	R	A	M	P
L	O	R	E	N	■	R	A	T	I	O
O	V	E	R	T	H	E	H	I	L	L
P	E	N	■	R	A	W	■	S	K	I
E	R	A	S	E	R	S	■	S	E	C
■	■	■	S	E	T	■	P	U	R	E
T	A	F	T	S	■	G	U	E	S	S
E	R	R	S	■	P	E	R	■	■	■
A	M	I	■	H	E	I	R	E	S	S
C	E	E	■	E	S	S	■	A	T	E
U	N	D	E	R	T	H	E	G	U	N
P	I	A	N	O	■	A	M	E	N	D
S	A	N	D	S	■	S	O	R	T	S

100

W	A	L	E	S	■	P	A	N	E	S
O	P	E	R	A	■	E	X	U	L	T
M	O	T	E	L	■	T	E	M	P	O
B	L	T	■	T	I	E	■	B	A	R
A	L	E	■	I	N	S	■	E	S	E
T	O	R	T	E	S	■	P	R	O	D
■	■	S	O	R	T	I	E	S	■	■
R	A	P	T	■	E	N	T	R	A	P
E	R	A	■	D	A	M	■	A	D	O
M	A	T	■	I	D	A	■	C	H	I
A	G	E	N	T	■	T	A	K	E	N
D	O	N	O	T	■	E	V	E	R	T
E	N	T	R	Y	■	S	A	T	E	S

17

O	N	C	E		S	P	A	R	E	S
F	E	R	N		A	R	C	A	R	O
F	R	A	T		L	E	T	H	A	L
S	O	C	R	A	T	E	S			
		K	E	N		N	U	T	T	Y
B	I	D	E	D		S	P	R	E	E
A	D	O					A	S	A	
L	E	W	I	S		P	A	C	T	S
D	A	N	T	E		E	L	K		
		H	A	M	R	A	D	I	O	
P	A	N	A	M	A		S	O	R	T
A	L	I	C	E	S		K	W	A	I
T	E	N	A	N	T		A	N	N	S

34

B	O	R	G		S	T	P	A	U	L
I	D	E	A		H	E	A	R	S	E
T	O	G	S		R	A	C	K	E	T
E	R	A		D	E	B	T			
	R	H	O	D	A		R	A	H	
C	A	D	E	T		G	R	E	C	O
A	R	I	A			O	T	T	O	
T	E	N	T	H		B	L	A	S	T
S	A	G		A	M	B	E	R		
		S	U	E	S		D	A	M	
F	E	M	A	L	E		F	I	L	E
O	M	E	L	E	T		E	N	D	S
R	U	L	E	R	S		E	G	O	S

51

C	A	S	E	D		P	A	C	K	S
O	P	E	R	A		U	B	O	A	T
S	O	R	E	R		C	E	L	I	E
E	G	G		E	N	C	L	O	S	E
L	E	E		R	O	I		N	E	D
L	E	A	F		S	N	E	E	R	
	N	A	G		I	L	L			
	S	T	A	R	T		S	P	O	T
L	I	B		O	A	R		O	R	E
A	L	I	B	A	B	A		T	I	N
M	E	L	O	N		B	I	T	E	S
A	N	K	L	E		I	R	E	N	E
S	T	O	O	D		D	A	R	T	S

68

L	A	T	C	H		S	A	I	L	
A	C	H	O	O		U	L	N	A	S
P	R	I	N	T		P	A	S	T	A
S	I	R		H	O	E		T	E	L
E	D	D	I	E	A	R	C	A	R	O
		N	A	T		A	L	A	N	
P	A	V	E	D		F	I	L	L	S
A	V	E	R		B	A	R			
R	O	N	T	U	R	C	O	T	T	E
K	I	T		P	A	T		R	I	N
E	D	U	C	E		O	V	E	R	T
R	E	R	U	N		R	I	S	E	R
	D	E	E	D		S	A	S	S	Y

127

INDEX

Key: puzzle number, *page number*, **answer page number**